新手开车百事通

U0314481

裴保纯　等编著

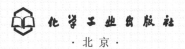

化学工业出版社

·北京·

内容简介

本书主要内容有：新手开车的基本操作，包括注意事项及开车技能；道路交通行驶规则，包括交通标志和标线的含义、交叉路口车辆行驶规则、一般路段车辆行驶规则和高速公路车辆行驶规则；不同路况和恶劣天气条件下的安全驾驶；道路中意外突发情况的应对措施；防止交通安全违法、远离交通事故的注意事项。

本书采用问答形式，以实用为出发点，有机融入了新版汽车驾考科目一和科目四的相关内容，帮助新手在汽车驾驶实践中消化和巩固驾校所学的知识和技能。本书适合实际开车年限不足三年的汽车驾驶人阅读，也可供准备报考汽车驾驶证或正在学车考驾驶证的人员阅读。

图书在版编目（CIP）数据

新手开车百事通/裴保纯等编著． —北京：化学工业出版社，2024.1
　ISBN 978-7-122-44298-7

　Ⅰ．①新…　Ⅱ．①裴…　Ⅲ．①汽车驾驶–基本知识
Ⅳ．①U471.1

中国国家版本馆CIP数据核字（2023）第190107号

责任编辑：陈景薇　　　　　　　　装帧设计：王晓宇
责任校对：王鹏飞

出版发行：化学工业出版社
　　　　　（北京市东城区青年湖南街13号　邮政编码100011）
印　　刷：三河市航远印刷有限公司
装　　订：三河市宇新装订厂
710mm×1000mm　1/16　印张16　字数227千字
2024年1月北京第1版第1次印刷

购书咨询：010-64518888　　　　售后服务：010-64518899
网　　址：http://www.cip.com.cn
凡购买本书，如有缺损质量问题，本社销售中心负责调换。

定　　价：79.80元　　　　　　　　版权所有　违者必究

　　驾校是汽车驾驶人的摇篮，人们经过驾校的学习和训练，考取汽车驾驶证，具备了驾驶汽车的资格，将自驾出行的梦想变成了现实。人们在为获取汽车驾驶证而欢欣鼓舞的同时，也在为独自驾车上路而担忧。有了汽车驾驶证，具备了驾驶汽车的资格，但未必就具备安全驾驶汽车的能力。

　　当我们真正开始新手驾车出行的实际操作时，这才发现，在驾校"修炼"的那点功底是远远不够用的。我们在驾校的学习训练，虽然攻克了一个又一个难关，但毕竟与实际道路驾驶还是有所不同的。科目一和科目四的学习主要是为了尽快让理论考试过关，科目二和科目三的训练是在教练员手把手的指导下进行的演练，固定的场地和训练路线，起步、换挡、转向、制动的操作均以考试合格为出发点，学习和训练在很大程度上是为了考试能够达标。

　　驾校的训练场地是封闭的，而驾车出行的道路是开放的，车辆在车来人往的道路上穿梭，驾驶人还要细心观察道路上的各种交通标志、交通标线和交通信号灯，稍有闪失，就会带来交通安全问题和交通安全违法问题，这些都是要付出代价的。

　　汽车驾驶由新手成长为熟练车手，需要一个不断学习提高的过程。新手开车有许多问题需要解答，有许多方面的经验需要积累，为了让新手能够尽快成长为熟练车手，我们编写了《新手开车百事通》一书。本书以问答的形式编写，以实用为出发点，有机融入了新版汽车驾考科目一和科目四的相关内容，参考了《机动车驾驶人安全文明操作规范 第2部分：小型汽车》（GA/T 1773.2—2021）的相关技术标准，以帮助新手在汽车驾驶实践中消化和巩固驾校所学的知识和技能。书中关于交通标志、交通信号灯的内容编写，以国家新颁布的技术标准为依据。经过对许多车友的走访调查，结合作者驾驶汽车的亲身体验完成了本书的编写。本书适合实际开车年限不足三年的汽车驾驶人阅读，也可供有意或者准备报考汽车驾驶证的人员阅读。

本书由裴保纯、王秋红、唐军山、刘红英编著。王亚平为本书的编写提供了相关的参考资料，在此表示衷心的感谢！由于笔者水平有限，书中难免有不足之处，望广大读者批评指正。

编著者

目录

第3章　新手须熟悉的交通标志标线　/ 044

第4章 交叉路口车辆行驶规则 / 084

第5章 一般路段车辆行驶规则 / 133

第6章　高速公路车辆行驶规则　/ 162

第 7 章　不良通行条件安全驾驶　/ 177

第 8 章　灵活应对意外突发情况　/ 199

第9章 严防交通安全违法及交通事故 / 218

第 **1** 章

新手开车基本
注意事项

1.1 什么是注意力分配？

驾驶车辆时注意力集中固然重要，但是，仅仅做到注意力集中还是不够的。所谓顾此失彼，问题就在于没有做到注意力的合理分配。

如图1-1所示，在复杂的道路交通情况下，驾驶人要把注意力同时分配到道路的各个空间，做到了注意力的合理分配，才能确保行车安全，才能更好地避免交通安全违法行为。

图1-1　注意力分配

1.2 什么是"鬼探头"？

如图1-2所示，上下方向为主流道路，绿灯亮时，由下向上的直行车辆A车、B车同时起步进入交叉路口。随后驶来的C车正好赶上绿灯，C车未经减速，便直行进入交叉路口。面对红灯的电动自行车由右向左直行进入交叉路口，先后躲过了A车、B车，然后继续向左行驶。由于A车、B车的遮挡，C车驾驶人事先没有发现横向驶来的电动自行车，结果C车与电动自行车发生了侧面撞击，致使骑车人遭受重伤。

图1-2 C车与电动自行车侧面相撞

关于这起交通事故的认定，交通管理部门认为，电动自行车在红灯亮时进入交叉路口，属于违反交通信号灯的规定，应该承担交通事故的主要责任。C车通过交叉路口，车速过快，存在交通安全违法行为，应该承担交通事故的次要责任。

C车驾驶人感到自己有点冤枉，当他发现横向违规驶来的电动自行车时，立刻采取了紧急制动的避让措施，因此才把交通事故的损害降到了最低程度。确实，在存在视野盲区的情况下，电动自行车的突然出现，让C车驾驶人很难避免交通事故的发生，人们把这种紧急情况称为汽车驾驶人最怕的"鬼探头"。

为了防范"鬼探头"，在车辆行驶中，驾驶人要时刻保持高度警觉，尤其是在车辆前方存在视野盲区的情况下，驾驶人要立即进入防范"鬼探头"的预警状态，预判"鬼探头"有可能出现的方向和距离，降低车速，仔细观察，做好随时停车准备。

1.3 什么是礼让三先?

礼让三先,就是遇到通行困难的情况,要礼貌让行,要先慢、先让、先停。为了预防交通事故的发生,车辆驾驶人应该礼貌行车,遇到通行困难的路段,要降低车速,靠右让行,如果仍然不能安全通过,应该主动靠边停车让对方先行。

1.4 什么是防御性驾驶?

目前,我国的防御性驾驶学习训练,不仅是职业驾驶员的必修课,而且在驾驶证申领考试题库中也增设了防御性驾驶的内容。事实表明,无论是职业驾驶员,还是非职业驾驶人,都应该具备防御性驾驶的知识。

防御性驾驶是指车辆驾驶人要具有对干扰自身行车安全的各种外界因素的预测能力,并根据预测及时采取措施化解行车风险的驾驶技术。干扰自身行车安全的各种外界因素包括道路上过往的其他车辆和行人、道路状况、气象条件等。

掌握防御性驾驶技术的根本目的,就是时时处处预防交通事故,确保不发生交通事故。预防交通事故是有技巧的,同样的紧急情况,处置得当就能化险为夷;处置不当,就难免发生交通事故。防御性驾驶实质上就是预防交通事故的一项驾驶技术。

防御性驾驶追求两个目标。第一个目标是不主动造成交通事故。驾驶车辆在道路上行驶,我们无法左右别人,我们要管好自己,不主动发生交通事故。第二个目标是不被动卷入交通事故。被动卷入的交通事故,往往是对方的无礼或违规行为导致的,对方应该承担交通事故的责任。尽管如此,我们也不希望成为交通事故的当事人。

1.5 亲眼所见就一定真实吗?

车辆处于动态时,驾驶人对外界事物的感觉会发生变化甚至出现失真。

例如，随着车速的提高，驾驶人的注视点移向远方，视野变得狭窄，视力会变得模糊。狭窄道路行驶、弯道行驶、夜间行驶时，驾驶人对跟车距离的估计会大于实际距离；宽阔道路行驶、直线行驶、白天驾车时，驾驶人对跟车距离的估计会小于实际距离。雨、雾、风沙天气能见度低，会导致驾驶人对远处的物体感觉比实际距离远。夏季在干燥的沥青路面上行驶，可能会看到前方路面上似乎有积水。弯道行驶会感到路面变窄。疲劳和健康状况不佳会影响驾驶人感觉和知觉的灵敏度。行车中遇到麻烦时、车辆抛锚时、情绪急躁时，会感觉时间变长。这些感觉上的误差或错觉，容易导致驾驶人知觉（采取随机应对措施）的失误。

在距离一定的情况下，如果前方是一辆大型车，会使驾驶人产生距离近一些的感觉；如果前方是一辆小型车，会使驾驶人产生距离远一些的感觉。在距离一定的情况下，如果前方车辆的外廓尺寸相同，外表为暖色的汽车会使驾驶人产生距离近一些的感觉，外表为冷色的汽车会使驾驶人产生距离远一些的感觉。以上这些错觉会给驾驶人准确判断跟车距离带来一定的影响，会给驾驶人预判会车地点带来一定的困难。

如图1-3所示，A车、B车两车在相距180m处相向而行，两车均以60km/h的速度行驶，经过5.4s，两车各行驶90m后相遇会车。

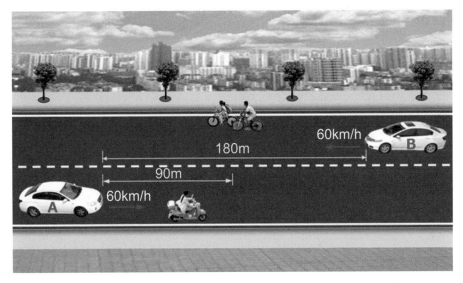

图1-3 A车和B车在两车间距的中点位置会车

如图1-4所示，A车、B车两车在相距180m处相向而行，A车以60km/h的速度行驶，B车以120km/h的速度行驶，经过3.6s，A车行驶60m、B车行驶120m后两车相遇会车。

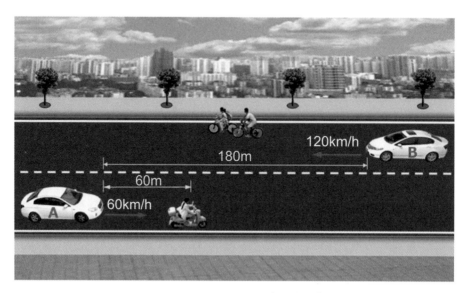

图1-4　A车行驶60m后与B车会车

以上两个例子表明，由于车速不同，相向而行时两车的会车地点就会不同。然而，研究人员的实验证明，许多驾驶人缺乏对迎面来车车速的判断能力，往往误判为迎面来车的车速与自己所驾驶车辆的车速相同，总是把会车地点预判为两车间距的中点位置，这就导致了实际会车地点与预判的会车地点存在误差。

车辆行驶中，对驾驶人感觉、知觉灵敏度的要求高，驾驶人应当有意识地培养自己对道路、车体、距离、速度等方面的感知能力。

1.6　车身颜色与行车安全有关吗？

许多人在选购汽车时，对汽车外表的颜色比较看重，甚至一次又一次地换车，还是认定自己钟爱的颜色，这大概与各自对颜色的审美有关。

车身颜色不仅可用来满足人们的审美需求，醒目的汽车外表颜色还关系到汽车行驶的安全性。交通事故统计数据表明，红色、黄色的汽车发生碰撞的交通事故较少，蓝色、绿色的汽车发生碰撞的交通事故较多。这是因为，红色、黄色属于扩张色，扩张色的汽车会给人车身大一些、距离近一些的感觉；蓝色、绿色属于收缩色，收缩色的汽车会给人车身小一些、距离远一些的感觉。

　　车身与路面、车行道两侧绿化带的色差，会在一定程度上关系到行车安全，色差小的车辆更容易被其他车辆追尾。例如，外表为浅绿色或淡青色的车辆，在两侧有绿化带的沥青道路被其他车辆追尾的概率要高于其他颜色的汽车。

　　在购买家庭用车时，尤其是在选购外观尺寸比较小的两厢轿车时，从行车安全的角度考虑，应该选购车身外表为扩张色的汽车，选购车身外表与道路两侧的绿化带、路面色差比较大的汽车。

　　车身颜色能够彰显车主的个性，不同车身颜色的汽车耐脏程度也有所不同，见表1-1。

表1-1　车身颜色特性

颜色	特性
黑色或深棕色	既代表保守和自尊，又代表新潮，给人以庄重、尊贵、严肃的感觉；但黑色汽车车身不耐脏，车身的尘土污迹很容易显现出来
白色或乳白色	给人以纯洁、清新、平和的感觉，尤其是乳白色车身比较耐脏，车身上的尘土污迹看起来不太明显
红色	能激发欢乐情绪，给人以跳跃、兴奋的感觉，红色视认性好，能引起人们视觉注意，有利于行车安全；但红色不太耐脏
灰色	给人以庄重、优雅的感觉，比较耐脏
黄色	亮度高，视认性好，给人以醒目、亲切、温暖的感觉，比较耐脏
蓝色	豪华气派，比较耐脏
绿色	给人以自然、祥和的感觉，比较耐脏

1.7 如何调整后视镜?

后视镜的调整如图1-5所示。使左侧外后视镜内地面映像占镜面高度的1/2,左侧车身映像占镜面宽度的1/4;车内后视镜的镜内地面映像占镜面高度的1/2;右侧外后视镜内地面映像占镜面高度的2/3,右侧车身映像占镜面宽度的1/4。

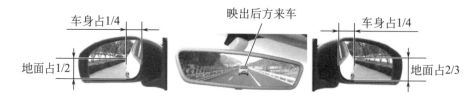

图1-5 调整后视镜

1.8 如何正确使用安全带?

驾驶人不仅应该养成开车使用安全带的良好习惯,还应该及时提示随车乘坐人员系好安全带,特别是在前排座副驾驶人的位置、后排座中间位置就座的人员。在高速公路、环城快速公路上行驶时,使用安全带是非常必要的。

如图1-6所示,佩戴安全带时,将插板插入插座的插孔内即可。

如图1-7所示,解开安全带时,用拇指按下插座上端的按钮,插板便会从插座中脱出。

图1-6 插板插入插座

图1-7 解开安全带

如图1-8所示，考虑到人体的身高不同，安全带的高度是可以调节的。

通过高度的调节，应该使系好后的安全带位于肩与颈根之间，并经过胸部的适当位置，如图1-9所示。

如图1-10所示，如果安全带高度调节不当，或者佩戴方法不正确，让系好后的安全带位于胸前腹部和肋骨的位置，在发生紧急情况时，安全带就不能很好地对人体起到保护作用。

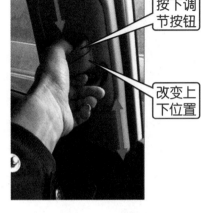

图1-8 高度调节

图1-9 正确位置

图1-10 错误位置

1.9 如何做到适时鸣喇叭？

如图1-11、图1-12所示，车辆在驶近急弯、坡道顶端等影响安全视距的路段，应当减速慢行，并注意鸣喇叭示意。听到对方喇叭声时，应该鸣喇叭回应。

汽车喇叭的使用要适当，应该鸣喇叭的路段没有鸣喇叭，属于交通安全违法行为。车辆行至禁止鸣喇叭的路段，随意鸣喇叭，也属于交通安全违法行为。

鸣喇叭虽然能起到提示过往车辆、行人注意避让的作用，但是，也会增加交通噪声。如图1-13所示，车辆行驶在交通标志规定禁止鸣喇叭的路段，驾驶人不得鸣喇叭。

图1-11　驶近弯道注意鸣喇叭

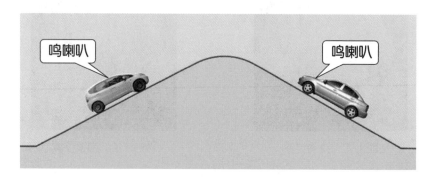

图1-12　驶近坡顶注意鸣喇叭

图1-13　前方道路禁止鸣喇叭

近些年来，在一些城市的道路上安装了声呐电子警察，在50m的距离内，可以自动辨别市区道路鸣喇叭的声音信号，由摄像头同步抓拍车辆号牌，再传输到声源自动辨别系统，进行声源定位和图像识别，在确认的车辆照片上显示彩色圆形标记，如图1-14所示，并且在道路上方的电子屏幕上显示违法鸣喇叭车辆的号牌号码，如图1-15所示。有违法鸣喇叭行为的车辆驾驶人，将会受到罚款100元的处罚。

图1-14　违法鸣喇叭车辆

图1-15　违法鸣喇叭信息

　　禁止鸣喇叭标志表示前方路段禁止鸣喇叭，现在的城市区域很少设置禁止鸣喇叭标志，这并不意味着在市区道路就可以随意鸣喇叭。城市道路交通流量大，过往的车辆、行人多，人口密度大，在城市道路行驶，即便是道路上没有设置禁止鸣喇叭标志，也应该自觉保护城市的交通环境，减少城市的交通噪声，除非遇到迫不得已的突发危险情况，尽量不要鸣喇叭。

　　汽车喇叭的使用可以在一定程度上体现机动车驾驶人的社会公德水准。比如，有些驾驶人驾驶机动车行驶在工作区、居民居住区的院内，或者在进出这些区域时，或者是机动车在通过非机动车道、人行道时，随意鸣喇叭，这种表现属于机动车驾驶人不文明、不礼貌的行为。遇到行动不便的老、弱、病、残、孕等行人在道路上行走时，不要鸣喇叭催促。在不恰当的时候鸣喇叭，有可能引起行人、非机动车驾驶人的惊慌，酿成非接触性交通事故。

1.10 如何确保儿童乘车安全?

汽车的乘坐空间一般是为成年人设计的,由于生理和心理的原因,12岁以下的儿童乘车,如果遇到紧急制动、车辆碰撞事故,遭受伤害的可能性要大于成年人。

在现实生活中,家长会把三岁以下的幼儿抱在怀里乘车,大一点的儿童则喜欢独自坐在前排座椅上,或者与大人并排坐在后排座椅上。如果大人抱着幼儿坐在车内,当汽车发生事故剧烈撞击的时候,幼儿会充当大人的"气囊";即便是大人系了安全带,巨大的惯性也会让幼儿从大人怀中自动飞出。让儿童在前排就座,当安全气囊弹出时,迅速膨胀的气囊直接冲击儿童的面部,很容易对儿童造成伤害。车座上虽然设置有安全带,但由于是按照成年人的身高设计的,所以对儿童有可能起不到应有的安全防护作用。

儿童生性好动爱玩,缺少乘车的安全意识,成年人一定要确保儿童的乘车安全。

❶ 车内不要放置尖锐和硬质的玩具或物品,以免在发生事故的时候导致儿童受伤。

❷ 为了避免后排座淘气的儿童在车辆行驶中打开车门发生意外,汽车配置了儿童安全锁。在儿童安全锁锁止时,能够防止儿童在车辆行驶中将车门打开而发生意外。如图1-16所示,有些车型在后排座车门的内侧有儿童安全锁,将锁销移至"关"(锁或🔒)的一端,用车内的门锁把手就打不开车门了,只能用车外的门锁把手才能打开车门;将锁销移至"开"(🔓)的一端,从车内就可以打开车门了。还可以操作中控门锁,在汽车起步之前将所有车门锁止,以免在车辆行驶中车内儿童打开车门发生意外。

❸ 下车开车门的时候,大人要先下车观察车外情况,确认没有过往的车辆,再开门让孩子下车。对应这一安全措施,中控门锁是无法满足要求的,只有儿童安全锁才能满足这一要求。

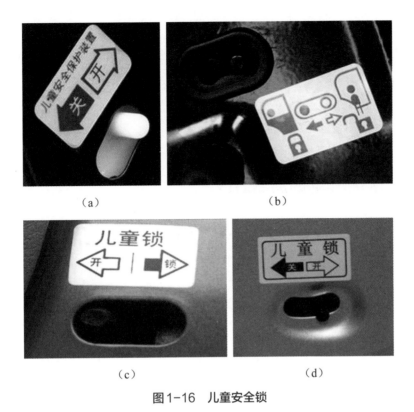

（a）　　　　　　　　　　　（b）

（c）　　　　　　　　　　　（d）

图1-16　儿童安全锁

❹ 不要让12岁以下的小孩坐在前排副驾驶的位置，前排副驾驶的位置往往是最不安全的。我国《校车安全管理条例》第四十条规定：校车的副驾驶座位不得安排学生乘坐。国家对坚固庞大的校车有此规定，私家车乘坐儿童更要注意到这一点。

❺ 中途停车时，不要把幼儿独自留在车内。尤其要注意，在发动机不熄火的情况下，把幼儿独自关在车内，儿童好奇好动，好模仿大人驾驶车辆，独自留在车内是极不安全的。

❻ 要教育孩子注意乘车安全，坐在车内不要东倒西歪来回摇晃。开关车窗和车门时，要防止孩子的手和头部被夹。大人开车时要注意力集中，不要与孩子过多地谈笑。配置电动天窗的汽车，不要让儿童的头部探出天窗，因为在天窗断电或发动机熄火时，天窗会自动关闭，夹伤儿童的头部。

❼ 经常接送6岁以下的儿童，可以在车内选配儿童安全座椅。儿童安全座椅是按照不同年龄的孩子设计的。如果是3岁以下的幼儿乘坐，要把儿

童安全座椅反向放置在汽车的后排座椅上，并且用安全带对儿童安全座椅进行固定。如果是3～6岁的儿童乘坐，安全座椅可以正向固定在汽车后排的座椅上。6岁以上的儿童可以使用原车安全带，但要增加坐垫的高度，以便安全带能系在儿童身体正确的部位，这样才能有效地保护孩子的胸部、颈部和面部。

1.11　燃油车何时加油适宜？

出于精打细算，也可能是为了图省事，有些驾驶人总是等到燃油警告灯亮了才去加油，甚至行车中途油箱耗干，不得不推着车去加油站加油。殊不知，这样做对汽车是有害无益的。况且，推迟加油，只能是延缓开支，并不能减少开支。长此以往，还会适得其反，增加汽车的维修费用。

如图1-17所示，汽油泵通常位于油箱的底部，这样不仅便于汽油泵将燃油吸入，而且便于汽油泵的散热。汽油车大多采用电动汽油泵，汽油泵的电动机高速旋转，会产生热量，汽油泵浸没在汽油中，汽油可以及时吸收汽油泵电动机的热量，以免电动机温度过高。

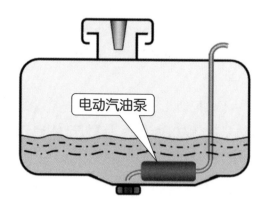

电动汽油泵

图1-17　汽油泵位于油箱底部

当油箱中的油面下降，使汽油泵裸露在空气中时，汽油泵会因温度过高而损坏，导致发动机供油中断而无法运转。汽油泵损坏，一般是整体更换，其费用支出可达300元以上。

因此，要养成良好的加油习惯，不要让爱车"空腹奔跑"。如果是经常使用的车，最好是在燃油指示报警灯点亮之前就给汽车加油。

1.12 加油站有哪些禁忌?

如图1-18所示，当我们开车去加油站加油时，要有安全防范意识。汽车在加油站加油的过程中，由于种种原因，会使加油站的空气中弥漫着汽油蒸气。在这样的环境下，很容易引起火灾和爆炸。

图1-18 在加油站要有安全防范意识

（1）不要在满载乘客的情况下给汽车加油 为了确保安全，尽量不要驾驶满载乘客的汽车去加油站。车内的乘客越多，危险因素也就越多。

（2）在加油站等候时要让发动机熄火 发动机运转时，排气管、消声器的温度很高，排出的废气还可能夹杂有火星。因此，当汽车进入加油站等候加油时，应该让发动机熄火，等到前车加油完毕，再重新启动发动机，将车向前移动。汽车在加油机旁边停下，驾驶人在下车之前，应该首先关闭点火开关，让发动机熄火。

（3）加油时要让发动机熄火 在发动机运转的情况下给汽车加油是非常危险的。因此，在开始加油之前，必须将汽车的发动机熄火。

（4）不要在加油站使用手机　在加油站等候加油，或者在加油的过程中，不要拨打或接听手机。手机属于非防爆通信设备，在加油站拨打或接听手机会增加引发火灾的可能性。为了保险起见，在进入加油站之前，最好将手机关闭；等到离开加油站之后，再打开手机。

（5）尽量不要在雷雨天气给汽车加油　在汽车加油的过程中，一部分汽油蒸气散发到空气中，如果遇到雷电，后果将十分危险。

1.13　下车时如何安全打开车门？

车辆在道路上临时停车上下人员，必须在车辆停稳之后，才能打开车门。打开车门之前，应该利用后视镜或车窗观察过往的车辆，确认打开车门不会妨碍过往车辆通行的情况下，才能打开车门。

如图1-19所示，临时停车是按照顺行方向紧靠道路右侧，停车地点占用了非机动车的通行空间，如果突然打开右边的车门，有可能与非机动车发生碰撞事故，如果突然打开左边的车门，有可能与绕行的非机动车或后边驶来的机动车发生碰撞。

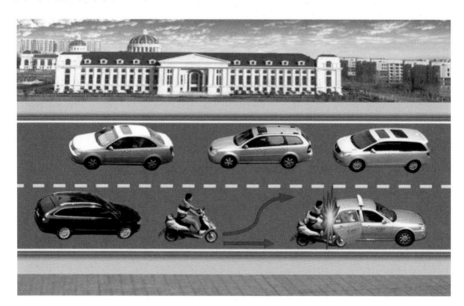

图1-19　靠边停车防碰撞

为了避免这些危险情况的发生，应该在车辆停稳之后，利用后视镜观察车辆后方和两侧是否有正在靠近的车辆和行人，确认没有过往的车辆和行人，才能打开车门。打开车门不可过猛，先打开10cm左右的门缝，通过门缝再次向后观察，确实没有来车，才可以进一步增加车门的开度，然后再从车内探身出来。

以上是较为流行的"二段式开门法"。这里还推荐另外一种开门法——"荷式开门法"。当汽车停稳之后，车内的驾乘人员打开车门之前，首先要想到车外是否有过往的骑车人。要用距离车门远的那只手去开启车门，在车的左侧就座，要用右手开车门；在车的右侧就座，要用左手开车门。用这样的方法开车门，虽然由于动作别扭而变得迟缓，但是，因为开车门的过程中要扭转头部和上身，就会让人们不由自主地利用后视镜和车窗来观察车外的交通情况，随着车门的缓慢打开，又会不由自主地透过门缝观察汽车后方是否有靠近的骑车人和行人，这样就会避免因开车门导致的交通事故。

为了减少对过往车辆的影响，上下人之后，要及时将车门关闭。这些细节关系到交通安全，驾驶人应当养成这些良好的习惯。

1.14 哪些情形伤车?

（1）汽车长时间不使用 汽车长时间停驶会导致蓄电池活性降低，容量变小，使用寿命缩短。尤其是在冬季，这种情况会更加明显。

（2）忽视预热发动机 在低气温的环境下，启动发动机之后就立刻让汽车投入运行，或者发动机还没有升温就踩下加速踏板提速，在发动机温度偏低的情况下，发动机内部的润滑油黏度大、流动性差，润滑油很难足量到达发动机内部的各个摩擦表面，因此会加速发动机内部机件的磨损，缩短发动机的使用寿命。

（3）不关空调就熄火 汽车空调是由发动机驱动的，空调的阻力比较大，如果在发动机熄火之前没有关闭空调，下次再启动发动机时还要同时带动空调系统的压缩机运转，启动阻力增大，会带来起动机和蓄电池的损伤。

（4）燃油灯亮了才加油　燃油灯亮了，表示燃油箱内的燃油已经快用完了，这时燃油泵无法利用燃油来降温，容易缩短燃油泵的使用寿命。

（5）左脚长时间不松离合器踏板　驾驶手动挡汽车时，启动发动机、起步或者车辆行驶中，左脚长时间放在离合器踏板上，会加速离合器的磨损，缩短离合器的使用寿命。

（6）通过缓冲带不减速　缓冲带又称减速丘，如果行经缓冲带时不减速，剧烈的冲击会加速汽车悬架（车轮与车身之间的连接部分）的损坏。

（7）不善于使用预见性制动　在车辆行驶中，不善于提前处理交通情况，总是在险情临近时才放松加速踏板，随后立即踩下制动踏板，使用制动踏板的频次高、力度大，这样会缩短汽车制动系统的使用寿命。

（8）习惯性急打转向盘　驾校的教练车最容易损坏的就是转向系统，这是因为在科目二的训练中，时常需要迅速将转向盘打到极限。如果在实际汽车驾驶中养成了这种习惯，经常原地打方向，经常将转向盘打到极限，就会加速汽车转向系统的损坏。

第 **2** 章

新手须掌握的
开车技能

2.1　驾驶室内的仪表长什么样？

如图2-1所示，汽车驾驶室内的仪表板上分布着许多仪表和指示灯，用于向驾驶人提供车辆技术状况和运行状态。

（a）机械指针仪表板

（b）燃油汽车仪表板

（c）纯电动汽车仪表板

图2-1　不同式样的汽车仪表板

2.2　驾驶室内有哪些常见的指示灯？

驾驶室内用于提供车辆技术状况的指示灯见表2-1。

表2-1　提供车辆技术状况的指示灯

序号	意义	指示灯	序号	意义	指示灯
1	机油压力过低报警灯		8	发动机故障报警灯	
2	水温过高报警灯		9	充电指示灯	
3	冷却液不足报警灯		10	制动器失效报警灯	
4	燃油过少报警灯		11	安全气囊报警灯	
5	ABS故障报警灯		12	发动机舱开启报警灯	
6	车门未关报警灯		13	后备厢开启报警灯	
7	左侧车门未关报警灯		14	右侧车门未关报警灯	

2.3 提供车辆使用信息的指示灯有哪些?

驾驶室内用于提供车辆使用信息的指示灯见表2-2。

表2-2 提供车辆使用信息的指示灯

序号	意义	指示灯	序号	意义	指示灯
1	安全带报警灯		7	驻车制动报警灯	
2	危险报警指示灯		8	转向指示灯	
3	灯光总开关		9	示宽灯	
4	近光指示灯		10	远光指示灯	
5	前雾灯		11	后雾灯	
6	前窗玻璃刮水洗涤器		12	后窗玻璃刮水洗涤器	

2.4　驾驶室内有哪些常见的开关标志?

驾驶室内提供操控状态的开关标志见表2-3。

表2-3　提供操控状态的开关标示

序号	意义	标志	序号	意义	标志
1	空气外循环		5	空气内循环	
2	中控门锁		6	儿童安全锁	
3	迎面吹风		7	冷风暖气风扇	
4	地板及迎面出风		8	地板及前窗吹风	

2.5　驾驶车辆存在哪些视线盲区?

（1）汽车前部的视线盲区　如图2-2所示,仅从汽车的前半部（车头）来看,有长头式、短头式、平头式等类型的汽车。

如图2-3所示,平头式汽车的车前视线盲区小,便于在车辆行驶中准确地穿越车前障碍。但是,平头式汽车的发动机位于驾驶人的座椅之下,驾驶人的前方只有一层铁皮防护,假如汽车与前车发生追尾事故,驾驶人受到伤害的可能性会大一些。

（a）长头式

（b）短头式

（c）平头式

图2-2　车头类型

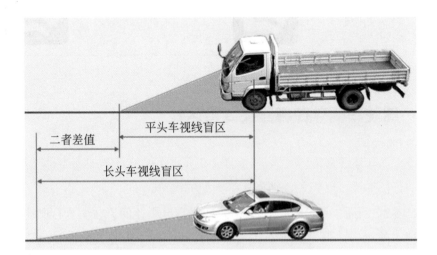

图2-3　长头车与平头车视线盲区对比

　　长头式汽车的车前视线盲区大，在繁华道路上行驶，穿越障碍的难度比较大。但是，长头式汽车的发动机位于驾驶人的前方，假如车辆发生了追尾事故，由于发动机的阻隔，可以在一定程度上起到对驾驶人的保护作用。

　　通常三厢式轿车趋向于长头式，两厢式轿车趋向于短头式。

　　（2）汽车后部的视线盲区　如图2-4所示，人们习惯把汽车前门与前挡风玻璃之间的连接部分称为A柱，把汽车前门与后门之间的连接部分称为B柱，把汽车后门与后挡风玻璃之间的连接部分称为C柱。

图2-4　车窗立柱的名称

　　如图2-5所示，汽车后方的视线盲区大于前方的视线盲区，再加上C柱和座椅靠背的遮挡，进一步增大了倒车时对地面的观察难度，因此，向后倒车要格外谨慎。

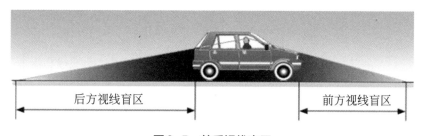

图2-5　前后视线盲区

　　（3）汽车两侧的视线盲区　如图2-6所示，由于驾驶人位于驾驶室的左侧，因此，右侧的视线盲区大于左侧的视线盲区，所以，向右转弯、向右变更车道、超越右侧的障碍物时，要加倍小心。

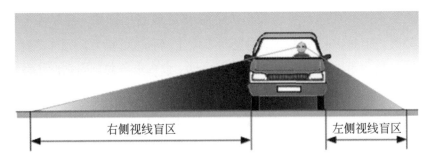

图2-6　左右两侧视线盲区

（4）后视镜存在的视线盲区　如图2-7所示，汽车前部的A柱会遮挡驾驶人的视线，影响汽车向左或向右转弯的安全性。驾驶人眼睛的直观范围与通过后视镜可以观察到的间接范围，二者之间还存在着看不到的空间范围，这种视线盲区的存在，增大了车辆向左或向右变更车道、超车和会车的危险性。

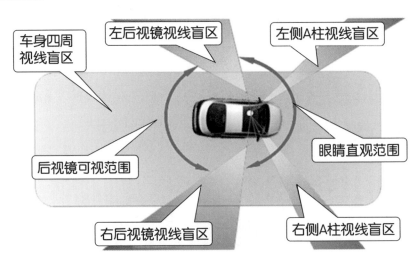

图2-7　A柱及后视镜视线盲区

2.6　如何减少驾驶人的视线盲区？

如图2-8所示，为了减少视线盲区对行车安全的影响，在必要时，驾驶人可适当转动头部或前后移动头部，以扩大视野范围。

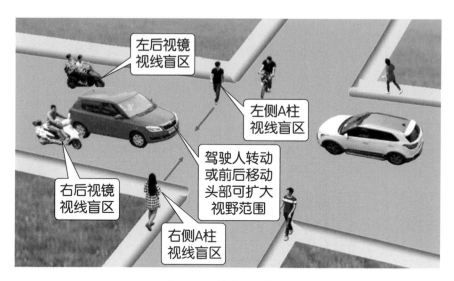

图2-8 扩大视野范围

如图2-9所示，在视线盲区和内轮差的区域，假如车辆突然改变行驶方向，非常容易发生碰撞和碾轧事故，这是值得汽车驾驶人注意的。

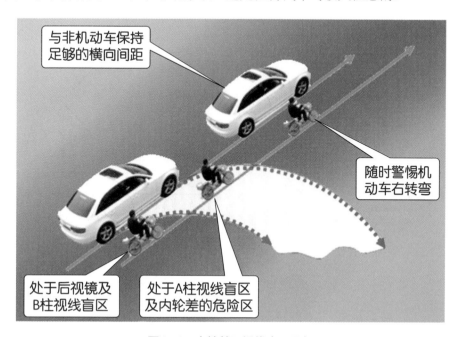

图2-9 内轮差及视线盲区叠加

2.7 什么是内轮差?

如图2-10所示,汽车前进转弯行驶,前轮转弯半径大,后轮转弯半径小,内侧前轮与内侧后轮转弯半径之差称为内轮差。

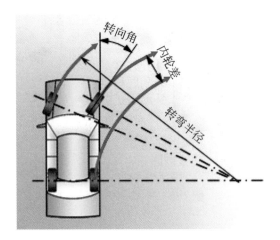

图2-10 内轮差

汽车拖带挂车时,内轮差增大,如图2-11所示。

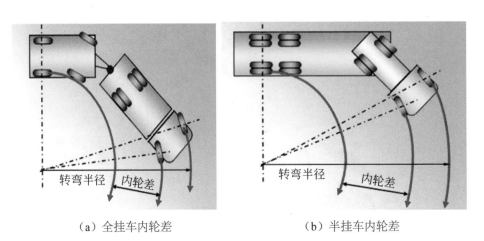

(a)全挂车内轮差   (b)半挂车内轮差

图2-11 拖带挂车的内轮差

小型汽车内轮差的最大值可达到1m以上,大型汽车内轮差的最大值可达到2m以上,汽车拖带挂车时内轮差的最大值甚至可以达到5m以上。

2.8　如何处置内轮差？

如图2-12所示，汽车在窄路前进转弯时，如果只是注意到前轮，忽视了内轮差对后轮的影响，内侧后轮就会越出路面。

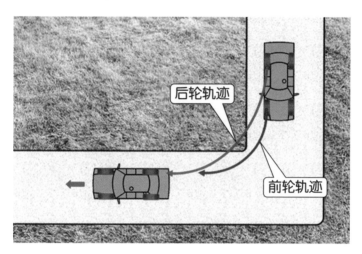

图2-12　内轮差导致内侧后轮越出路面

如图2-13所示，为了确保前轮和后轮都不超出道路边缘线，在前进转弯之前就应该为内轮差留出余量。

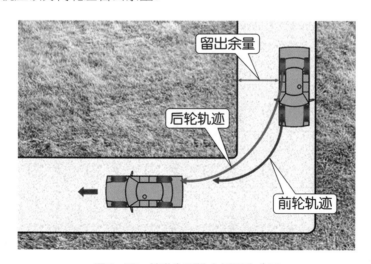

图2-13　前进为后轮内侧留出余量

2.9 什么是外轮差?

如图2-14所示,汽车倒车转弯行驶中,前轮转弯半径大,后轮转弯半径小,外侧前轮与外侧后轮转弯半径之差称为外轮差。

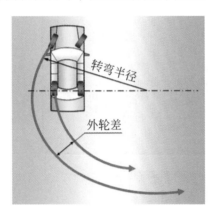

图2-14 外轮差

2.10 如何处置外轮差?

如图2-15所示,汽车在窄路倒车转弯时,如果只是注意到后轮,忽视了外轮差对前轮的影响,外侧前轮就会越出路面。

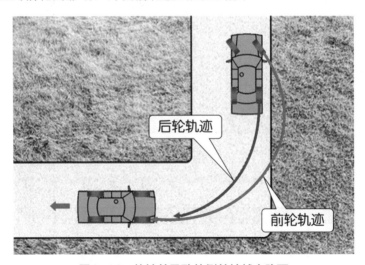

图2-15 外轮差导致外侧前轮越出路面

如图2-16所示，为了确保前轮和后轮都不超出道路边缘线，在倒车转弯之前就应该为外轮差留出余量。

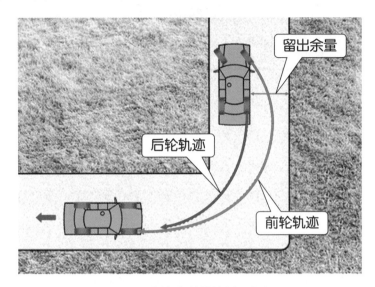

图2-16 倒车为前轮外侧留出余量

2.11 如何处置车尾外摆？

如图2-17所示，汽车在转弯时，不仅车头会越出原来的轨道，车尾也会越出原来的轨道。车尾越出车辆外侧垂直平面的距离，称为车尾外摆值。

图2-17 车尾外摆值

外摆值的大小主要取决于车辆的后悬长度。如图2-18所示，不同车辆的后悬长度是有很大差别的。

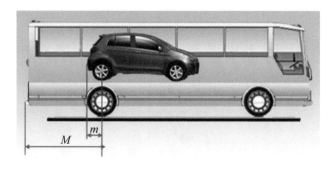

图2-18　后悬长度的对比

　　小型汽车后悬短,外摆值几乎可以忽略不计。大型汽车的后悬较长,而且车身的宽度几乎要占满市区道路的行车道。在大型汽车并行变道时,如果转动转向盘的角度大,车尾外摆的数值就大,就有可能与相邻车道的大车发生剐蹭事故,如图2-19所示。

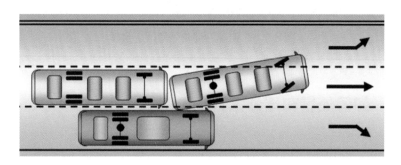

图2-19　当心车尾外摆

　　车辆驾驶人要有处置车尾外摆的意识,在驾驶后悬比较长的汽车时,不可忽视车尾外摆的现象,在车尾外摆方向有并行的车辆或有其他障碍物时,不可大角度猛打转向盘,要为车尾的外摆预留空间。

2.12　狭窄场地如何进出车库?

　　如图2-20所示的车库,由于车库门前的场地狭窄,进库时车辆右侧容易剐蹭,出库时车辆左前侧容易剐蹭。而改用倒车入库的方法,进出车库就轻松多了。

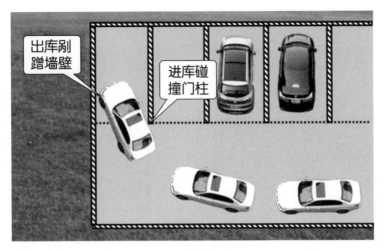

（a）前进

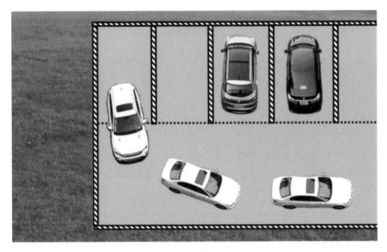

（b）倒车

图2-20　巧用倒车在狭窄场地进出车库

2.13　T形路口如何掉头？

如图2-21所示，在狭窄的T形路口掉头时，要将车头朝向较宽的路面，车尾朝向较窄的路面，由于倒车转弯时车头的横扫宽度较大，将车头朝向较宽的路面转弯倒车，可以防止倒车时车头越出路边。

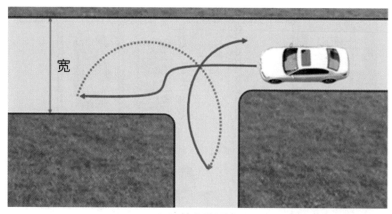

（a）前方路面宽

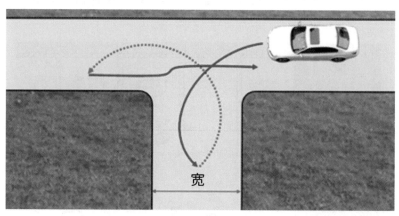

（b）左侧路面宽

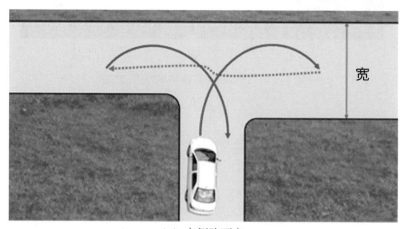

（c）右侧路面宽

图2-21　让车头进入较宽的路面掉头

2.14 燃油车如何搭接启动？

手动挡汽车的蓄电池亏电时，可以采用人工推车或车辆牵引的方法启动，这些方法对于自动挡汽车是不适用的。对于蓄电池严重亏电无法启动的自动挡汽车，可以采用搭接启动的方法。

搭接启动的电缆如图2-22所示，可以自己制作，也可以在汽车配件市场购买。

图2-22　搭接启动的电缆

如图2-23所示，救援车必须与亏电车的标称电压相同（汽油车为12V，柴油车为24V）。

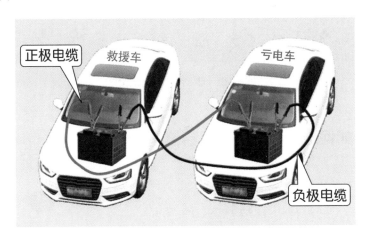

图2-23　搭接启动

救援车与亏电车的蓄电池采取并联的方式。首先用电缆将两车蓄电池的正极相连，再用另一根电缆的一端与救援车蓄电池的负极相连，另一端与亏电车的发动机直接搭铁。启动之前，要将救援车、亏电车上与发动机启动无关的电器开关断开。

在亏电车启动时，要让救援车发动机保持在中速运转。亏电车启动后，要让其发动机保持在稍高于怠速的状态下运转10min左右，以便向亏电车的蓄电池充电。随后可拆除搭接的电缆。

拆除搭接电缆时，应该在救援车、亏电车的发动机均熄火的状态下进行。

2.15 手动挡汽车有哪些挡位？

如图2-24所示，手动挡汽车变速杆上端通常标有变速器的挡位。

如图2-25所示，手动挡汽车一般有4～6个前进挡，还设有倒挡和空挡。其中，前进挡又可分为低速挡、中速挡和高速挡。

图2-24　变速杆上的挡位标注

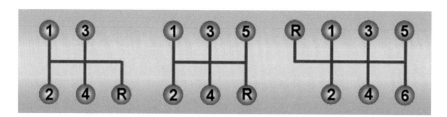

图2-25　手动挡变速器挡位

2.16 如何选用手动挡汽车挡位？

手动挡汽车的低速挡用于起步、低速行驶、爬陡坡。高速挡用于在通行条件较好的路面上高速行驶。中速挡用于低速、高速之间的过渡，或者用于汽车中速行驶。倒挡用于汽车倒车行驶。倒挡通常设有倒挡锁，如图2-26所示，在需要倒车时，首先将变速杆移至空挡，再按下变速杆才能挂入倒挡。

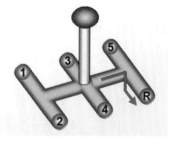

图2-26　倒挡的挂入

2.17　自动挡汽车有哪些挡位？

自动挡汽车的挡位设置如图2-27所示，各挡位的用途及操作见表2-4。

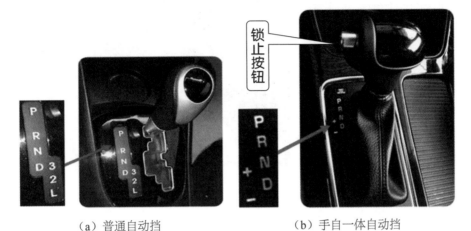

（a）普通自动挡　　　　　　　（b）手自一体自动挡

图2-27　自动挡汽车挡位设置

表2-4　自动挡汽车各挡位用途及操作

挡位		用途	操作方法
P	停车挡	启动发动机和停车时使用	在停车状态下，按下锁止按钮或踩下制动踏板，可移入或移出P挡
R	倒车挡	倒车时使用	在停车状态下，踩下制动踏板，可移入或移出R挡
N	空挡	临时停车、行驶中因熄火而启动发动机、被牵引时使用	在停车状态或车速低于5km/h时，踩下制动踏板，可移入N挡
D（3）	正常行驶挡	正常行驶时使用	起步时踩下制动踏板可移入D挡
Z（2）	低速2挡	在道路阻力较大、繁华路段等低中速行驶时使用	起步时踩下制动踏板可移入Z（2）挡
L（1）	低速1挡	陡峭的山路行驶时使用	起步时踩下制动踏板可移入L（1）挡
O/D	超速挡	高速公路或快速公路高速行驶时使用	变速杆位于D挡时，按下超速挡按钮

2.18 如何使用自动挡汽车的O/D挡？

如图2-28所示，设有超速挡按钮的汽车，变速杆位于D挡行驶时，按下超速挡按钮，可以让车辆处于超速挡（O/D）行驶的状态。超速挡适用于80km/h以上的车速，所以，在高速公路行驶可以选用超速挡，以达到节省燃油和减少发动机磨损的目的。

图2-28　超速挡按钮

2.19 如何使用手自一体汽车的M挡？

驾驶自动挡汽车，最常用的是D挡，对于普通自动挡汽车来讲，在湿滑路段、积水路段可以使用2挡和1挡。对于手自一体的汽车，遇到以上情况应该如何操作呢？

手自一体汽车的挡位设置如图2-29所示。当需要体现发动机制动的效果时，应该将变速杆置于M挡手动换挡的位置。

图2-29　手自一体汽车的挡位设置

在手自一体汽车使用手动换挡时，可让汽车在3挡、2挡、1挡的状态下行驶。比如说选择2挡，汽车便在与2挡匹配的车速范围内行驶，只有在车速严重高于或低于2挡的车速范围时，变速器才会升挡或降挡。

手自一体汽车在手动挡模式

下行驶，最大的特点是能够提供发动机制动。如图2-30所示，汽车在长距离下坡的情况下，选用手动挡模式，可以利用发动机制动防止汽车越跑越快，以避免频繁踩刹车导致制动失灵；在发动机制动的情况下，车载电脑（ECU）会自动切断燃油的供给，从而减少燃油的消耗。

图2-30　下长坡选用手动挡模式

2.20　纯电动汽车有哪些挡位?

纯电动汽车的挡位与自动挡汽车的挡位大致相同，不同型号的纯电动汽车挡位的数量不等。有些纯电动汽车设有驻车挡，有些不设驻车挡；有些纯电动汽车只有一个前进挡，有些设有2～3个前进挡。有些纯电动汽车增设了节能挡（E挡），也称能量回收系统。E挡与手自一体汽车的M挡类似，将纯电动汽车置入E挡运行，在汽车制动或者放松加速踏板时，驱动电机转变为发电机，产生牵阻作用，让汽车平稳减速；同时产生电能，向车载动力电池充电，实现能量回收。

图2-31　三挡纯电动汽车

如图2-31所示为设有D挡、N

挡、R挡的纯电动汽车。N挡在启动、停车时使用，不要使用N挡滑行。D挡是前进挡，R挡是倒车挡。在D挡、R挡临时停车时，要同时踩下制动踏板，以免汽车溜车。如果是长时间停车，要挂入N挡，按下电子驻车按键或拉起手动驻车手柄。

如图2-32所示为设有D挡、N挡、R挡、P挡的纯电动汽车，与三挡纯电动汽车相比，增设了供停车使用的P挡。

如图2-33所示，有些纯电动汽车设置了模式选择旋钮，转动旋钮，可以获得不同的驾驶模式：S为运动驾驶模式，用于车辆高速行驶；E为经济驾驶模式，用于开启能量回收系统；L为长程驾驶模式，该模式下车辆驱动电机输出功率小，可以延长续驶里程，但最高车速不超过60km/h。

图2-32　四挡纯电动汽车

图2-33　模式选择旋钮

2.21　如何让纯电动汽车省电？

（1）平稳起步　纯电动汽车起步提速快，在起步提速过程中，要缓慢踩下加速踏板，让汽车平稳起步，一是有利于安全和减少机件的冲击磨损，二是可以减少加速阻力，节省用电。

（2）经济车速运行　车速过低或过高都会加大纯电动汽车的电能消耗。在道路通行条件许可的情况下，让车辆保持40～90km/h的经济车速，有利于省电，尤其是在行驶途中所剩电量不多的情况下，应该保持中速或中低速行驶。

（3）不要让车速大起大落　急加速时会让车辆产生加速阻力，增加汽车的用电消耗，频繁制动或者紧急制动会将汽车的动能转化为制动器和轮胎的热能，实质上是让汽车的电能做了无用功。因此，在车辆行驶中，驾驶人的视野要放宽一些，视线要放远一些，要增强对道路情况的预判能力，养成提前处理道路交通情况的习惯，这样才能避免车速的大起大落。

（4）发挥E挡的功能　纯电动汽车的能量回收强度是可以设置的，选择能量回收的弱挡运行时，牵阻作用小，能量回收效果弱，适合在交通条件顺畅的道路行驶；选择能量回收的强挡运行时，牵阻作用大，能量回收效果强，适合在交通情况复杂、需要频繁加速和减速的道路行驶。驾驶纯电动汽车行驶在连续下坡的道路，使用能量回收的强挡是不错的选择。

合理使用纯电动汽车的节能挡，不仅可以减少制动的次数，降低制动的强度，还可以将车辆减速的动能转化为电能，向车载电池充电，以延长车辆的续驶里程。节能挡在产生制动作用时，汽车尾部的制动灯并未点亮，为了防止被后车追尾，不建议在高速公路使用节能挡行驶。

（5）节制大功率用电　纯电动汽车夏季使用空调时耗电比较严重，冬季使用暖风要比夏季使用空调更加费电。因此，驾驶纯电动汽车要节制空调和暖风的使用。在气候不炎热的情况下，尽量不要使用空调，可降下车窗玻璃，让车内通风降温。但是，在高速公路行驶，开启车窗会增大车辆行驶阻力，应该是关闭车窗，必要时开启空调，空调温度的调节不要低于25℃。冬季驾驶纯电动汽车时，驾驶人在衣着穿戴方面要注意防寒保暖，以减少对车内暖风的使用。

（6）保持轮胎气压正常　轮胎气压过低会增大车轮的滚动阻力，增加车辆的耗电量。所以，当发现轮胎缺气时，要及时对轮胎进行充气。提高轮胎的充气压力可以减少车轮的滚动阻力，在一定程度上实现节能省电的目的。但是轮胎气压也不能过高，过高的轮胎气压会降低车轮的缓冲性能和附着性能，甚至带来轮胎爆裂的后果。

（7）给车辆减负　在车内存放不常用的杂物，不仅会影响车内卫生，还会增加纯电动汽车起步和加速过程中的阻力，降低车辆的续驶里程；当车辆遇到紧急情况时，这些杂物还有可能冲撞车体，给人、车带来意外伤害。因此，要养成良好的习惯，保持车内整洁，不要在车内存放不常用的杂物。

2.22 纯电动汽车充电要注意什么？

（1）充电方式 目前纯电动汽车比较常见的充电方式有快充和慢充两种类型。如果是快充，大约1小时能让电池上升到80%的电量。如果是慢充，需要6～8小时能让电池充足电量。

新购买的纯电动汽车前3次充电尽可能采用慢充的方式。正常使用中的纯电动汽车，在时间允许的情况下，推荐慢充的方式。快充不能确保电池达到充足的电量，而且会影响电池的使用寿命。慢充虽然耗时较长，但是能让电池充足电，有利于确保纯电动汽车的续驶里程，有利于延长电池的使用寿命。假如不能保证经常对车辆进行慢充，建议每隔半个月进行一次慢充。

（2）充电时机 如果续驶里程仅剩50km或者电池的电量低于30%，就该给纯电动汽车充电了。电池电量低于20%的情况下，还驾驶纯电动汽车在道路上奔波，在过度放电的状态下会损伤电池，也会使驾驶人产生焦虑情绪。

（3）充电环境 在通风干燥的环境中充电较为安全，特别是汽车充电接口和充电枪接口要保持清洁干燥。雨雪天气尽可能选择在室内充电。如图2-34所示，受条件限制，只能在室外充电，充电时要利用雨伞或者其他物品对汽车充电口和充电枪进行防护遮挡，以免雨水滴落到汽车充电接口。要用干燥的手插拔充电枪、关闭汽车充电盖。雷雨、暴雨、暴雪天气不要进行室外充电操作。

图2-34 用雨伞遮挡充电枪

（4）充电过程 长时间高温暴晒的车体温度比较高，此时充电会促使电池进一步升温，所以不要在车辆高温暴晒后立即充电。低温环境下充电效率低，难以保证能让电池充足电，因此要尽量选择在室内充电。充电时要关闭车上的电源，尤其是不要让暖风、空调、前照灯、音响等电器通电。充电时车内不要停留人员。

（5）充电结束　充电结束时要先断电，后拔充电枪。车辆行驶之前，要确认充电枪是否从汽车的充电口拔出，确认充电枪是否回归充电桩。

2.23　纯电动汽车停放要注意什么？

如果纯电动汽车需要停放2周以上，就应该在停放前对车辆做一些停驶养护。

较为理想的停放地点是车库或地下停车场，这些地点温度和湿度相对稳定，还可以避免风吹、雨淋、太阳晒。如果只能将车辆露天存放，可以给车辆蒙上车衣。

纯电动汽车在停放期间，车载电池仍然处于自行放电的状态，为了避免在停放期间电池亏电，在停放前应该将电池电量充到50%～70%，过高或者过低的存电量会给电池带来损伤。车辆停放期间，应该每两周检查一下电池的存电量，若存电量低于20%，就要及时进行慢充。

第 **3** 章

新手须熟悉的
交通标志标线

3.1 交通标志是如何分类的？

道路交通标志是以颜色、形状、字符、图形等向道路使用者传递信息，用于管理交通的设施。通过交通标志提供准确及时的信息和引导，使道路使用者顺利快捷地抵达目的地，促进交通畅通和行车安全。

交通标志按其作用不同，可以划分为主标志和辅助标志两大类。

❶ 主标志用以传递道路交通信息，传达道路交通管理指令。主标志包括禁令标志、指示标志、警告标志、指路标志、旅游区标志、告示标志等多种类型。

❷ 辅助标志用于对主标志进行补充、限制、说明。

3.2 什么是禁令标志？

禁令标志向道路使用者发出不能怎么做的交通管理指令，告诉人们哪些行为是禁止的。违反了禁令标志的规定，将会构成交通安全违法行为。

3.3 提示让行的交通标志有哪些？

提示让行的交通标志如图3-1所示。

停车让行　　　　　　减速让行　　　　　　会车让行

图3-1　提示让行的交通标志

3.4 限制通行的交通标志有哪些？

限制通行的交通标志如图3-2所示。

禁止通行

禁止驶入

禁止机动车驶入

禁止大型载客汽车驶入

禁止小型载客汽车驶入

禁止载货汽车驶入

禁止挂车、半挂车驶入

禁止拖拉机驶入

禁止三轮汽车、
低速货车驶入

禁止摩托车驶入

禁止某两种车辆驶入

禁止非机动车进入

禁止电动自行车进入

禁止畜力车进入

禁止三轮车驶入

禁止人力客运三轮车进入

禁止人力货运三轮车进入

禁止人力车进入　　　　　　　禁止行人进入

图3-2　限制通行的交通标志

3.5　限制行驶方向的交通标志有哪些?

限制行驶方向的交通标志如图3-3所示。

禁止向左转弯　　　禁止载货汽车向左转弯　　　禁止向右转弯

禁止小型客车向右转弯　　　禁止直行　　　禁止向左和向右转弯

禁止直行和向左转弯　　　禁止直行和向右转弯　　　禁止掉头

禁止超车　　　　　　　解除禁止超车

图3-3　限制行驶方向的交通标志

3.6　限制停车的交通标志有哪些?

限制停车的交通标志如图3-4所示。

禁止停车

禁止长时停车

图3-4　限制停车的交通标志

3.7　限制交通行为的交通标志有哪些?

限制交通行为的交通标志如图3-5所示。

禁止鸣喇叭

限制速度

解除限制速度

图3-5　限制交通行为的交通标志

3.8　限宽及限高的交通标志是怎样的?

限宽及限高的交通标志如图3-6所示。

限制宽度

限制高度

图3-6　限宽及限高的交通标志

3.9　限制质量及轴重的交通标志是怎样的?

限制质量及轴重的交通标志如图3-7所示。

限制质量　　　　　　　　　　　限制轴重

图3-7　限制质量及轴重的交通标志

3.10　停车检查标志有何含义?

如图3-8所示,停车检查标志表示机动车应停车接受检查,设在需要机动车停车接受检查的地点。

3.11　禁止运输危险物品车辆驶入标志有何含义?

如图3-9所示,禁止运输危险物品车辆驶入标志表示前方道路禁止运输危险物品的车辆驶入。危险物品是指具有爆炸、易燃、毒害、腐蚀、放射性等特性的物品。

图3-8　停车检查标志　　　　　图3-9　禁止运输危险物品车辆驶入标志

3.12　区域禁止及解除标志有哪些?

区域禁止及解除标志如图3-10所示。

区域限制速度

区域禁止长时停车

区域禁止停车

区域限制速度解除

区域禁止长时停车解除

区域禁止停车解除

图3-10　区域禁止及解除标志

3.13　什么是指示标志？

指示标志向道路使用者发出必须怎么做的交通管理指令，告诉人们必须遵守的有关事项。违反了指示标志的规定，将会构成交通安全违法行为。

3.14　指示车辆行驶方向的交通标志有哪些？

指示车辆行驶方向的交通标志如图3-11所示。

直行

向左转弯

向右转弯

直行和向左转弯

直行和向右转弯

向左和向右转弯

分隔带右侧行驶  　　　　　　　　　分隔带左侧行驶

图3-11　指示车辆行驶方向的交通标志

3.15　环岛行驶标志有何含义?

如图3-12所示,环岛行驶标志表示前方有交通情况复杂的环形交叉路口,车辆驾驶人要注意观察路口内的交通情况。

图3-12　环岛行驶标志

3.16　单行路标志有哪些?

指示单行路的交通标志如图3-13、图3-14所示。

左转进入单行路  　　　　　右转进入单行路  　　　　　直行进入单行路

图3-13　单行路标志

左转进入单行路  　　　　　右转进入单行路  　　　　　直行进入单行路

图3-14　有文字标注的单行路标志

3.17　鸣喇叭及开车灯标志是怎样的？

鸣喇叭及开车灯标志如图 3-15 所示。

鸣喇叭

开车灯

图 3-15　鸣喇叭及开车灯标志

3.18　最低限速及会车先行标志是怎样的？

最低限速及会车先行标志如图 3-16 所示。

最低限速

会车先行

图 3-16　最低限速及会车先行标志

3.19　行人及人行横道标志是怎样的？

行人及人行横道标志如图 3-17、图 3-18 所示。

图 3-17　行人标志

图 3-18　人行横道标志

3.20　分道行驶标志有哪些?

分道行驶标志如图3-19所示。

右转车道　　　左转车道　　　直行车道　　直行和右转合用车道

直行和左转合用车道　　掉头车道　　掉头和左转合用车道

分向行驶车道

图3-19　分道行驶标志

3.21　车道标志有哪些?

车道标志如图3-20所示。

机动车行驶　　小型客车车道　　公交专用车道　　公交车辆和通勤班车
　　　　　　　　　　　　　　　　　　　　　　　　专用车道

图3-20

有轨电车专用车道

多乘员车辆专用车道

非机动车行驶

非机动车车道

电动自行车行驶

电动自行车车道

非机动车与行人分开空间通行

非机动车与行人共享空间通行

非机动车推行

靠右侧道路行驶

图3-20　车道标志

3.22　停车位标志有哪些?

停车位标志如图3-21所示。

允许机动车停车

标志左侧停车

标志右侧停车

占用人行道边缘停车

限时段停车位

限时长停车位

残疾人专用停车位

校车专用停车位

出租车专用停车位

非机动车专用停车位

公交车专用停车位

充电停车位

专属停车位

图3-21 停车位标志

3.23 专项通行路线标志有哪些?

专项通行路线标志如图3-22所示。

允许掉头

限时段允许掉头

货车通行

硬路肩允许行驶
路段起点

硬路肩允许行驶路段
即将结束

硬路肩允许行驶
路段结束

图3-22 专项通行路线标志

3.24 什么是警告标志?

警告标志向道路使用者提供前方道路的危险信息,警告人们要小心谨慎。忽视了警告标志的提示，对人们的人身安全将会带来影响。

3.25 警告路口的交通标志有哪些？

警告路口的交通标志如图3-23所示。

十字交叉路口　　　错位交叉路口　　　Y形交叉路口　　　T形交叉路口

图3-23　警告路口的交通标志

3.26 警告道路线形变化的交通标志有哪些？

警告道路线形变化的交通标志如图3-24所示。

向左急弯路　　　向右急弯路　　　向右反向弯路　　　向左反向弯路

向左连续弯路　　　向右连续弯路　　　上陡坡　　　下陡坡

连续下坡　　　两侧变窄　　　右侧变窄

左侧变窄

窄桥

图3-24 警告道路线形变化的交通标志

3.27 警告道路动态变化的交通标志有哪些?

警告道路动态变化的交通标志如图3-25所示。

双向交通

注意行人

注意儿童

注意残疾人

注意非机动车

注意电动自行车

注意牲畜

注意野生动物

注意信号灯

左侧落石

右侧落石

注意横风

易滑标志

图3-25 警告道路动态变化的交通标志

3.28 警告地貌变化的交通标志有哪些?

警告地貌变化的交通标志如图3-26所示。

傍山险路

堤坝路

村庄

隧道

驼峰桥

路面不平

减速丘

过水路面

图3-26 警告地貌变化的交通标志

3.29 警告注意安全事项的交通标志有哪些?

警告注意安全事项的交通标志如图3-27所示。

有人看守铁路道口

无人看守铁路道口

相距50m

相距100m

相距150m

事故易发路段

左右绕行

左侧绕行

右侧绕行

注意危险

施工

交通事故管理

建议速度

注意潮汐车道

注意保持车距

左侧合流

右侧合流

注意车道数变少

避险车道

前方1km处
有避险车道

前方500m处
有避险车道

注意路面结冰

注意雨（雪）天

注意雾天

注意不利气象条件

注意前方车辆排队

路缘线形诱导标一

路缘线形诱导标二

图3-27

两侧通行

右侧通行

左侧通行

注意积水

图3-27　警告注意安全事项的交通标志

3.30　什么是指路标志？

指路标志向道路使用者提供所在地点的地名和路名，提供道路前方到达地点的方向和距离。有了指路标志的指引，为人们的交通出行，尤其是异地出行带来了便利。

指路标志分为一般道路指路标志、高速公路和城市快速路指路标志两种类型。

3.31　一般道路指路标志主要有哪些？

一般道路指路标志如图3-28所示。

交叉路口预告

国道编号

省道编号

县道编号

乡道编号

路名

道路名称方向

地点距离

地名

行政区划分界

道路管理分界

急救站识别

飞机场识别

加油站识别

电动汽车充电站识别

地铁识别

露天停车场

室内停车场

错车道

紧急停车带

人行天桥

人行地下通道

无障碍设施

服务站

停车点

观景台

应急避难设施

图3-28

超限检测站

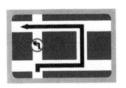
绕行

此路不通

隧道出口距离

里程碑

里程牌

图3-28　一般道路指路标志

3.32　高速公路及城市快速路指路标志有哪些?

高速公路及城市快速路指路标志如图3-29所示。

入口预告

地点、方向

国家高速公路编号

省级高速公路编号

路名

地点距离

出口编号

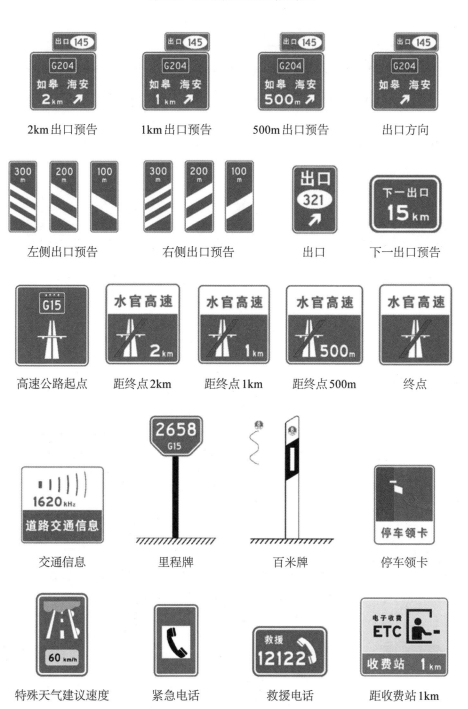

2km出口预告	1km出口预告	500m出口预告	出口方向
左侧出口预告	右侧出口预告	出口	下一出口预告
高速公路起点	距终点2km	距终点1km	距终点500m	终点
交通信息	里程牌	百米牌	停车领卡
特殊天气建议速度	紧急电话	救援电话	距收费站1km

图3-29

距收费站500m

收费站入口

电子不停车收费
（ETC）车道

人工收费车道

绿色通道

距服务区2km

距服务区1km

设置在减速
车道起点

设置在服务区
入口

图3-29　高速公路及城市快速路指路标志

3.33　旅游区标志有哪些？

如图3-30所示，旅游区标志是为吸引和指引人们从高速公路或其他道路上前往邻近的旅游区，在通往旅游景点的路口设置的标志，使旅游者能方便地识别通往旅游区的方向和距离，了解旅游项目的类别。

旅游区距离

旅游区方向

信息服务

徒步

索道

野营地

营火

旅居车营地

骑马

钓鱼　　　　高尔夫球　　　　潜水　　　　　游泳　　　　　划船

冬季游览区　　　　　　　滑雪　　　　　　　　滑冰

图3-30　旅游区标志

3.34　告示标志有哪些?

如图3-31所示,告示标志用以解释道路设施、指引路外设施,告示有关道路交通安全法规及交通管理安全行车的提醒等内容。

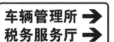

告知路名及编号　　　告知有交通技术监控设备　　　路外设施指引

区间测速起点　　　　区间测速终点　　　　区间测速长度500m

驾驶时禁用手持电话　　　　　　禁扔弃物

图3-31

系安全带	交替通行	前方车道控制	严禁空挡下坡

图3-31　告示标志

3.35　辅助标志起什么作用?

如图3-32所示,凡主标志无法完整表达或指示其规定时,为维护行车安全与交通畅通的需要,应设置辅助标志。辅助标志安装在主标志下方,紧靠主标志下缘。

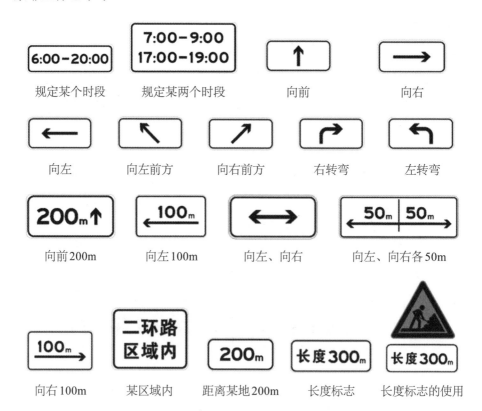

规定某个时段	规定某两个时段	向前	向右

向左	向左前方	向右前方	右转弯	左转弯

向前200m	向左100m	向左、向右	向左、向右各50m

向右100m	某区域内	距离某地200m	长度标志	长度标志的使用

学校　　　　　海关　　　　　事故　　　　　塌方

教练车行驶路线　　　驾驶考试路线　　　组合辅助标志

图3-32　辅助标志

3.36　交通标线有哪些种类?

道路交通标线是由施划或安装于道路上的各种线条、箭头、文字、图案及立面标记、实体标记、突起路标和轮廓标等所构成的交通设施。它的作用是向道路使用者传递有关道路交通的规则、警告、指引等信息,可以与标志配合使用,也可以单独使用。

道路交通标线按功能划分的种类见表3-1。

表3-1　道路交通标线按功能划分的种类

种类	功能
指示标线	指示车行道、行车方向、路面边缘、人行道、停车位、停靠站及减速丘等的标线
禁止标线	告示道路交通的遵行、禁止、限制等特殊规定的标线
警告标线	促使道路使用者了解道路上的特殊情况,提高警觉、准备应变、采取防范措施的标线

3.37　指示标线主要有哪些?

(1)纵向标线

❶ 可跨越对向车行道分界线(也可称为可跨越道路中心线)如图3-33

所示，为黄色虚线，用于分隔对向行驶的交通流。车辆在保证安全的情况下，可以越线超车或转弯。

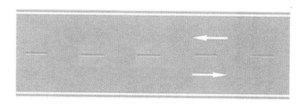

图3-33 可跨越对向车行道分界线

❷ 可跨越同向车行道分界线如图3-34所示，为白色虚线，用来分隔同向行驶的交通流。在保障安全的情况下，允许车辆短时越线行驶。

图3-34 可跨越同向车行道分界线

❸ 潮汐车道线如图3-35所示。车辆行驶方向可随交通管理需要进行变化的车道称为潮汐车道，以两条黄色虚线并列组成的双黄虚线作为其指示标线，指示潮汐车道的位置。

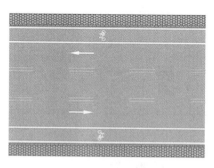

图3-35 潮汐车道线

❹ 车行道边缘线如图3-36所示，用以指示机动车道的边缘或用以划分机动车道与非机动车道的分界。

图3-36 车行道边缘白色实线

❺ 左弯待转区线如图3-37所示，为白色虚线，用来指示左转弯车辆在直行时段进入待转区等待左转弯的位置。

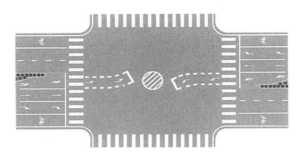

图3-37 左弯待转区线

❻ 路口导向线如图3-38所示。在平面交叉路口面积较大、形状不规则或交通组织复杂、车辆寻找出口车道困难或交通流交织严重时，应设置路口导向线，辅助车辆行驶和转向。

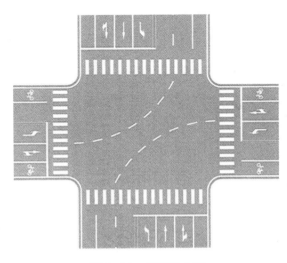

图3-38 路口导向线

❼ 导向车道线如图3-39所示。设置于路口驶入段的车行道分界线称作导向车道线，用以指示车辆按导向方向行驶的导向车道的位置。

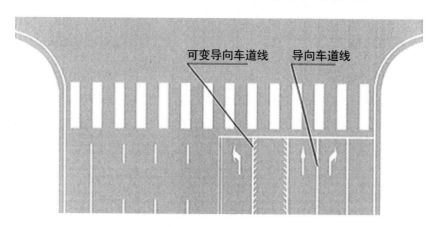

图3-39　导向车道线

（2）横向标线

❶ 人行横道线如图3-40所示，为白色平行粗实线（又称斑马线），既标示一定条件下准许行人横穿道路的路径，又警示机动车驾驶人注意行人及非机动车过街。

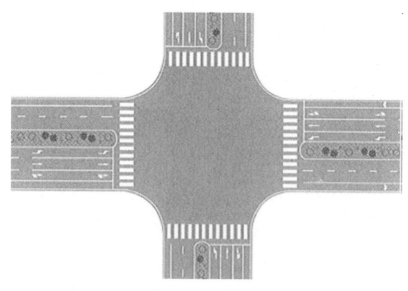

图3-40　人行横道线

❷ 车距确认线如图3-41、图3-42所示，作为车辆驾驶人保持行车安全
距离的参考，视需要设于较长直线段、易发生追尾事故或其他需要的路段。

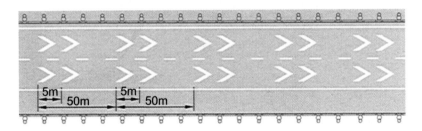

图3-41　白色折线车距确认线

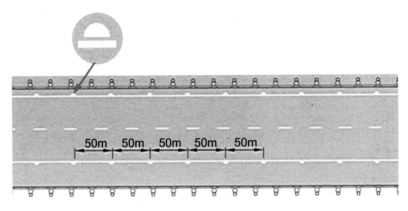

图3-42　白色半圆状车距确认线

（3）其他标线

❶ 道路出入口标线如图3-43、图3-44所示，用于引导驶入或驶出车辆
的运行轨迹，提供安全交会，减少与突出缘石碰撞的可能。

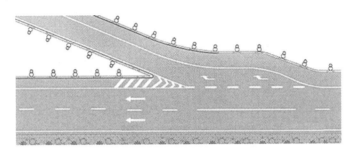

图3-43　出口标线

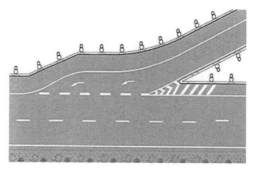

图3-44　入口标线

❷ 停车位标线如图3-45～图3-47所示，用以标示车辆停放位置。

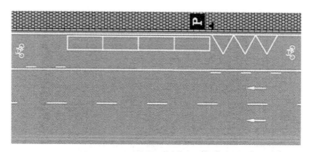

图3-45　平行式停车位标线

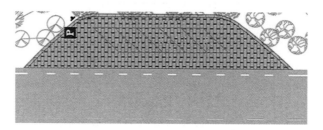

图3-46　倾斜式停车位标线

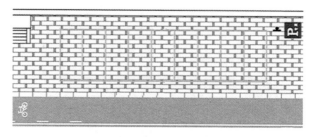

图3-47　垂直式停车位标线

❸ 停靠站标线如图3-48、图3-49所示，主要用以引导公交车、校车停靠站的路线和地点。

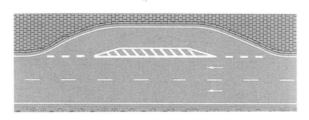

图3-48　港湾式停靠站标线

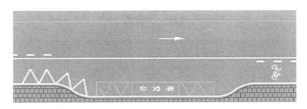

图3-49　路边式停靠站标线

❹ 减速丘标线如图3-50所示。布置减速丘的路段，应在减速丘前设置减速丘标线，以提前告知道路使用者。

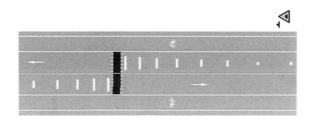

图3-50　减速丘标线与减速丘标志

❺ 导向箭头如图3-51所示，用以指示车辆的行驶方向。

图3-51　导向箭头应用示例

导向箭头的颜色为白色，其基本形状及含义见表3-2。

表3-2　导向箭头的基本形状及含义

导向箭头	含义	导向箭头	含义
	指示直行		指示前方可直行或掉头
	指示前方可直行或左转		指示前方可左转或掉头
	指示前方左转		指示前方道路仅可左右转弯
	指示前方右转		指示前方道路有左弯或需向左合流
	指示前方可直行或右转		指示前方道路有右弯或需向右合流
	指示前方掉头		

❻ 路面限速标记如图3-52所示，是利用路面数字指示或限制车辆行驶速度的标记。表示最高限速值数字的颜色为黄色，可单独使用；表示最低限速值数字的颜色为白色，应和最高限速值数字同时使用。

❼ 注意前方路面状况标记如图3-53所示，为白色实折线，表示前方道路有不易发现的路面情况，车辆应该绕开锯齿状的白色实折线行驶。

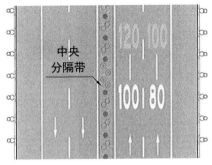

图3-52 路面限速标记

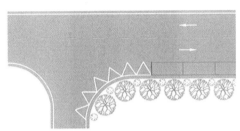

图3-53 注意前方路面状况标记

3.38 禁止标线主要有哪些?

（1）纵向禁止标线

❶ 禁止跨越对向车行道分界线有双黄实线、黄色虚实线和单黄实线三种类型。

如图3-54所示，双黄实线作为禁止跨越对向车行道分界线时，禁止双方向车辆越线或轧线行驶。

如图3-55所示，黄色虚实线作为禁止跨越对向车行道分界线时，实线一侧禁止车辆越线或轧线行驶，虚线一侧准许车辆暂时越线或转弯。越线行驶的车辆应避让正常行驶的车辆。

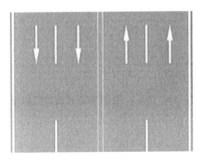

图3-54 双黄实线

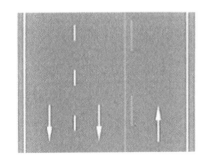

图3-55 黄色虚实线

如图3-56所示，单黄实线作为禁止跨越对向车行道分界线时，禁止双方向车辆越线或轧线行驶。

② 禁止跨越同向车行道分界线用于禁止跨越车行道分界线进行变更车道或借道超车，标线为白色实线，如图3-57所示。

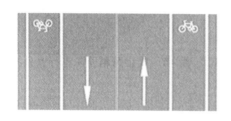

图3-56 单黄实线

图3-57 禁止跨越同向车行道分界线

③ 禁止停车线。

禁止长时停车线用以禁止路边长时停放车辆，但一般情况下允许装卸货物或上下人员等的临时停放，标线为黄色虚线，如图3-58所示。

禁止长时和临时停车线用以指示禁止路边长时和临时停放车辆，标线为黄色实线，如图3-59所示。

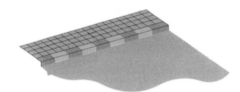

图3-58 禁止长时停车线

图3-59 禁止长时和临时停车线

（2）横向禁止标线

❶ 停止线表示车辆让行、等候放行等情况下的停车位置。如图3-60所示，停止线为白色实线。

图3-60 停止线

❷ 停车让行线如图 3-61 所示，表示车辆在此路口应停车让干道车辆先行，该标线由两条平行的白色实线和一个白色的"停"字组成。

❸ 减速让行线表示车辆在此路口应减速让干道车辆先行。如图 3-62 所示，该标线由两条平行的虚线和一个倒三角形组成，颜色为白色。

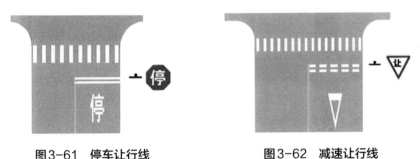

图3-61　停车让行线　　　　　　　图3-62　减速让行线

（3）其他禁止标线

❶ 非机动车禁驶区标线用以告示非机动车使用者在路口内禁止驶入的范围。如图 3-63 所示，该标线为黄色虚线。

❷ 导流线表示车辆需按规定的路线行驶，不得轧线或越线行驶。如图 3-64 所示，导流线的颜色为白色，与道路中心线相连时，也可用黄色。

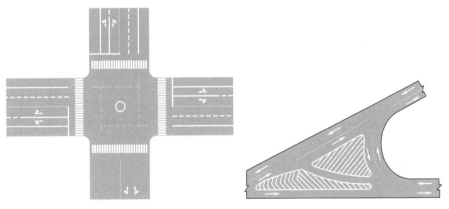

图3-63　非机动车禁驶区标线　　　　图3-64　导流线

❸ 中心圈可设在平面交叉路口的中心，用以区分车辆大、小转弯或作为交叉口车辆左右转弯的指示，车辆不得轧线或越线行驶。如图 3-65、图 3-66 所示，中心圈有圆形和菱形两种形式，颜色为白色。

图3-65　圆形中心圈

图3-66　菱形中心圈

❹ 网状线用以标示禁止以任何原因停车的区域，视需要划设于易发生临时停车造成堵塞的交叉路口、出入口及其他需要设置的位置。如图3-67、图3-68所示，该标线为黄色。

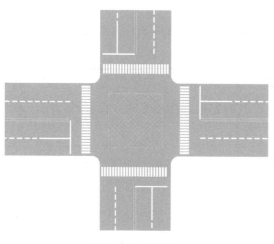

图3-67　网状线

图3-68　简化网状线

❺ 车种专用车道线。

a.公交专用车道线如图3-69、图3-70所示，由黄色虚线及白色文字组成，表示除公交车外，其他车辆及行人不得进入该车道。

b.小型车专用车道线如图3-71所示，在车行道内施划"小型车"路面文字，表示该车行道为小型车专用车道。

c.大型车车道线如图3-72所示，在车行道内施划"大型车"路面文字，表示大型车应在该车道内行驶。

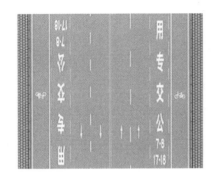

图3-69　公交专用车道线

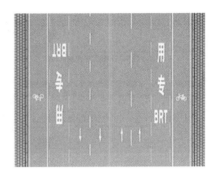

图3-70　BRT专用车道线

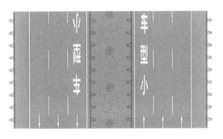

图3-71　小型车专用车道线

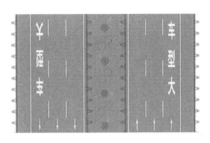

图3-72　大型车车道线

d.多乘员车辆专用车道线如图3-73所示，由白色虚线及白色文字组成，表示该车行道为有多个乘车人的多乘员车辆专用的车道，未载乘客或乘员数未达规定的车辆不得入内行驶。

❻ 禁止掉头（转弯）标记用于禁止车辆掉头或转弯的路口或区间。如图3-74、图3-75所示，禁止掉头（转弯）标记由黄色导向箭头和黄色叉形标记左右组合而成。

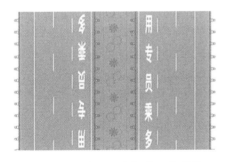

图3-73　多乘员车辆专用车道线

图3-74　禁止掉头标记

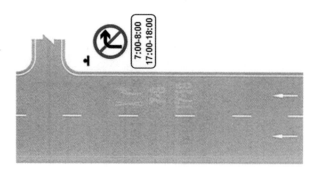

图3-75　禁止转弯标记

3.39　警告标线主要有哪些?

（1）路面（车行道）宽度渐变段标线　用以警告车辆驾驶人路宽或车道数变化，应谨慎行车，并禁止超车。如图3-76～图3-78所示，该标线颜色为黄色。

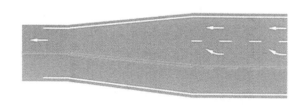

图3-76　三车道变为双车道渐变段标线

图3-77　四车道变为双车道渐变段标线

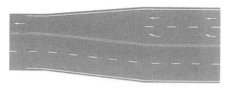

图3-78　四车道变为三车道渐变段标线

（2）接近障碍物标线　用以指示路面有固定性障碍物，警告车辆驾驶人谨慎行车，引导交通流顺畅驶离障碍物区域。如图3-79、图3-80所示，该标线的颜色与车行道分界线的颜色一致。

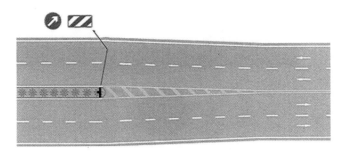

图3-79　接近实体中央分隔带标线

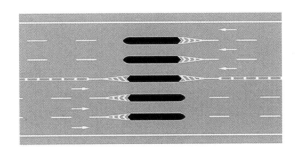

图3-80　收费岛地面标线

（3）铁路平交道口标线　用以指示前方有铁路平交道口，警告车辆驾驶人应在停车线处停车，在确认安全的情况下或信号灯放行时，才可通过。如图3-81所示，该标线颜色为白色。

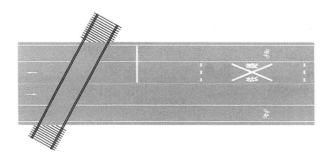

图3-81　铁路平交道口标线

（4）减速标线

❶ 收费广场减速标线如图3-82所示，用于警告车辆驾驶人前方应减速慢行。

图3-82　收费广场减速标线

❷ 路段减速标线如图3-83、图3-84所示，用于警告车辆驾驶人前方应减速慢行。

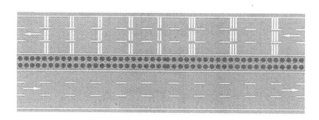

图3-83　车行道横向减速标线

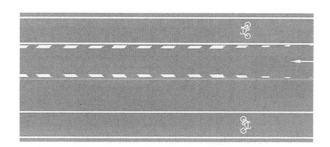

图3-84　车行道纵向减速标线

（5）立面标记　用以提醒驾驶人注意，在车行道或近旁有高出路面的构造物，如图3-85所示。

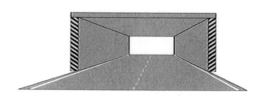

图3-85　立面标记

（6）突起路标　突起路标是固定于路面上起标线作用的突起标记块，可用来标记对向车行道分界线、同向车行道分界线、车行道边缘线等，也可用来标记弯道、进出口匝道、导流标线、道路变窄、路面障碍物等危险路段。突起路标有多种形状，如图3-86所示。

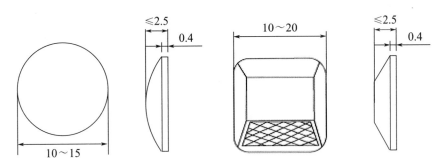

图3-86　突起路标的形状（单位：cm）

第 **4** 章

交叉路口车辆行驶规则

4.1　交通信号灯有哪些种类?

交通信号灯分为机动车信号灯、非机动车信号灯、人行横道信号灯、车道信号灯、方向指示信号灯、闪光警告信号灯、道路与铁路平面交叉道口信号灯。

4.2　机动车信号灯有何含义?

❶ 绿灯亮时，准许车辆通行，但转弯的车辆不得妨碍被放行的直行车辆、行人通行，如图4-1所示。

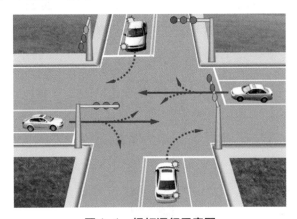

图4-1　绿灯通行示意图

❷ 黄灯亮时，已越过停止线的车辆可以继续通行，如图4-2所示。

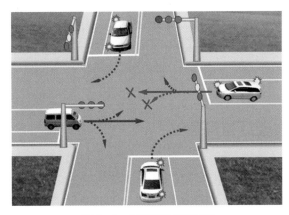

图4-2　黄灯通行示意图

❸ 红灯亮时，禁止车辆通行，如图4-3所示。

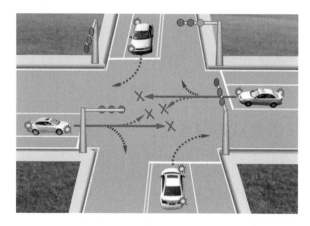

图4-3　红灯通行示意图

4.3　非机动车信号灯有何含义？

非机动车信号灯如图4-4所示，非机动车信号灯与机动车信号灯的通行规定相同。

（a）绿灯　　　　　　　（b）黄灯　　　　　　　（c）红灯

图4-4　非机动车信号灯

4.4　人行横道灯有何含义？

人行横道信号灯如图4-5所示。绿灯亮时，准许行人通过人行横道。红灯亮时，禁止行人进入人行横道，但是已经进入人行横道的，可以继续通过或者在道路中心线处停留等候。

（a）绿灯亮　　　　　　　（b）红灯亮

图4-5　人行横道信号灯

4.5　车道信号灯有何含义？

车道信号灯如图4-6所示。绿色箭头灯亮时，准许本车道车辆按指定方向通行。红色叉形灯或者箭头灯亮时，禁止本车道车辆通行。

图4-6　车道信号灯

4.6　方向指示信号灯有何含义？

如图4-7所示，方向指示信号灯的箭头方向向左、向上、向右分别表示左转、直行、右转。

图4-7　方向指示信号灯

4.7　闪光警告信号灯有何含义？

如图4-8所示，闪光警告信号灯为持续闪烁的黄灯，提示车辆、行人通行时注意瞭望，确认安全后通过。

图4-8　闪光警告信号灯

4.8　铁路道口信号灯有何含义?

如图4-9所示，道路与铁路平面交叉道口有两个红灯交替闪烁或者一个红灯亮时，表示禁止车辆、行人通行；红灯熄灭时，表示允许车辆、行人通行。

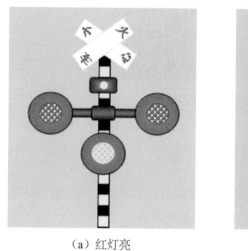 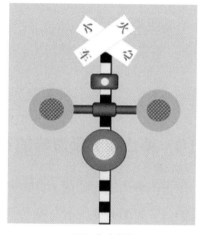

（a）红灯亮　　　　　　　　　　　　　（b）红灯灭

图4-9　铁路道口信号灯

4.9　指挥手势与信号灯哪个效力高?

交通指挥手势的效力高于交通信号灯、交通标志、交通标线。当交通信号灯、交通标志、交通标线显示的指令与交通指挥手势不一致时，应该按照交通指挥手势的指令通行。

如图4-10所示，车辆面对绿灯放行信号，但交通指挥手势显示停止信号，驾驶人应该服从指挥手势信号的指令，在原地停车等待放行信号，不能再向前行驶了。

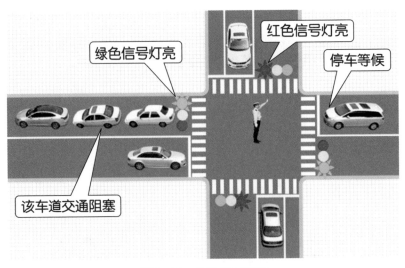

图4-10　原地停车等待

4.10　停止手势是怎样的？

停止手势的动作如图4-11所示，左臂由前向上直伸，掌心向前。停止手势的含义如图4-12所示，表示不准前方车辆通行。

图4-11　停止手势的动作

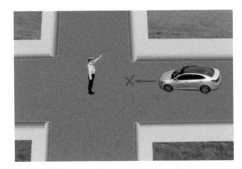

图4-12　停止手势的含义

4.11　直行手势是怎样的？

直行手势的动作如图4-13所示，左臂向左平伸，掌心向前；右臂向右平伸，掌心向前，手臂向左摆动。直行手势的含义如图4-14所示，表示准许右方直行的车辆通行。

图4-13　直行手势的动作　　　　　图4-14　直行手势的含义

4.12　左转弯手势是怎样的？

左转弯手势的动作如图4-15所示，右臂向前平伸，掌心向前；左臂与手掌平直向右前方摆动，掌心向右。左转弯手势的含义如图4-16所示，表示准许左方的车辆左转弯，在不妨碍被放行车辆通行的情况下可以掉头。

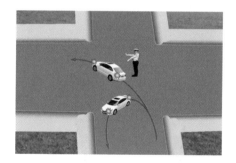

图4-15　左转弯手势的动作　　　　图4-16　左转弯手势的含义

4.13　左转弯待转手势是怎样的？

左转弯待转手势的动作如图4-17所示，左臂向左下方直伸，掌心向下；左臂与手掌平直向下方摆动。左转弯待转手势的含义如图4-18所示，表示准许左方左转弯的车辆进入路口，沿左转弯行驶方向靠近路口中心，等候左转弯手势。

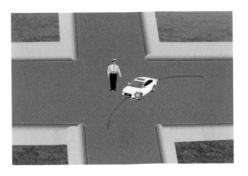

图4-17　左转弯待转手势的动作　　　图4-18　左转弯待转手势的含义

4.14　右转弯手势是怎样的?

右转弯手势的动作如图4-19所示，左臂向前平伸，掌心向前；右臂与手掌平直向左前方摆动，掌心向左。右转弯手势的含义如图4-20所示，表示准许右方的车辆右转弯。

图4-19　右转弯手势的动作　　　图4-20　右转弯手势的含义

4.15　变道手势是怎样的?

变道手势的动作如图4-21所示，右臂向前平伸，掌心向左；右臂向左水平摆动。变道手势的含义如图4-22所示，表示车辆应当腾空指定的车道，减速慢行。

图4-21 变道手势的动作

图4-22 变道手势的含义

4.16 减速慢行手势是怎样的？

减速慢行手势的动作如图4-23所示，右臂向右前方平伸，掌心向下；右臂与手掌平直向下方摆动。减速慢行手势的含义如图4-24所示，表示车辆应当减速慢行。

图4-23 减速慢行手势的动作

图4-24 减速慢行手势的含义

4.17 示意车辆靠边停车手势是怎样的？

示意车辆靠边停车手势的动作如图4-25所示，左臂向前上方直伸，掌心向前；右臂向前下方直伸，掌心向左；右臂向左水平摆动。示意车辆靠边停车手势的含义如图4-26所示，表示车辆应当靠边停车。

图4-25　示意车辆靠边停车
手势的动作

图4-26　示意车辆靠边停车
手势的含义

4.18　如何靠近有信号灯的路口？

在通过有信号灯控制的交叉路口之前，应该在靠近路口30～100m的距离就放松加速踏板，让车辆平稳地减速，以避免在临近路口时迫不得已而紧急制动。提前减速的距离视自身车速而定，如果当时的车速比较快，提前减速的距离就应该长一些；如果当时的车速比较慢，提前减速的距离可以适当短一些，如图4-27所示。

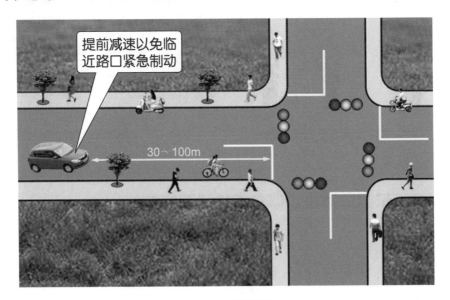

提前减速以免临近路口紧急制动

30～100m

图4-27　提前减速

如图4-28所示，车辆行驶在同方向有2条以上机动车道的道路上，驾驶人要注意观察地面上施划的导向箭头标记、道路上方悬挂的导向车道标志，根据需要选择相应的车道。

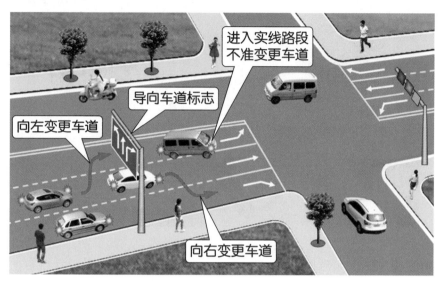

图4-28　根据需要选择车道

变更车道要提前开启转向灯，向左变更车道要开启左转向灯，向右变更车道要开启右转向灯。

变更车道要在虚线路段完成，车辆进入实线区域的导向车道之后，不准轧实线，不准越过实线变更车道。

车辆进入实线区域的导向车道之后，转向灯的显示应该与车辆所在的导向车道方向一致，以免出现车辆随后驶入路口时，转向灯的显示与实际车辆行驶方向不一致的情况。

在交通拥堵的路段行车，同方向行驶的车辆首尾相接，地面施划的导向车道箭头被前车遮挡无法观察，此时要注意察看道路上方悬挂的导向车道标志，提前行驶在相应的车道上。

4.19　车辆右转弯如何通行？

如图4-29所示，汽车在交叉路口右转弯时，应该注意左侧是否有来车，在确保安全的前提下，沿着道路的右侧转小弯。

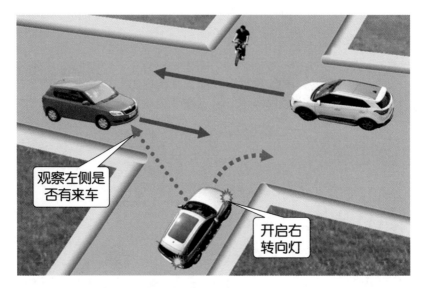

观察左侧是
否有来车

开启右
转向灯

图4-29　向右转小弯

4.20　红灯亮时右转车辆能否绕行？

如图4-30所示，在本车道前方有等候放行的车辆时，右转弯的机动车
不得绕行。

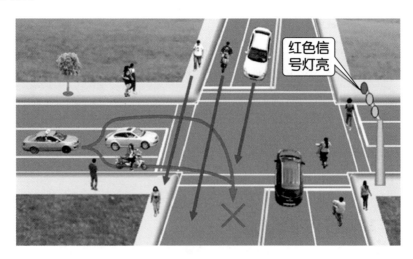

红色信
号灯亮

图4-30　右转弯车不得绕行

4.21 车辆左转弯如何通行？

如图4-31所示，在施划有道路中心圈的交叉路口，汽车左转弯，要靠近中心圈左侧行驶。

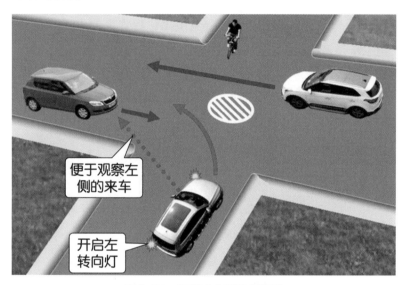

图4-31 靠近中心圈左侧行驶

如图4-32所示，在没有施划道路中心圈的交叉路口，汽车左转弯要沿着交叉路口稍微靠右的路线转大弯行驶。

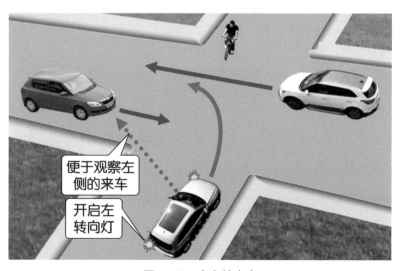

图4-32 向左转大弯

4.22 误入导向车道怎么办?

如图4-33所示,当需要直行通过前方的路口,却无意中进入了右转弯车道时,如果在右转弯车道贸然直行,将构成违反道路交通标线规定的交通安全违法行为,怎么办呢?可以分三步来化解先前的失误:第一步是右转弯,第二步是掉头,第三步是右转弯。

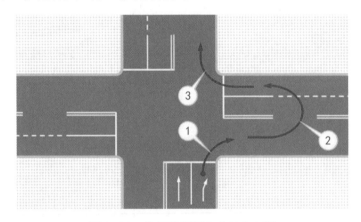

图4-33 化解直行误入右转弯车道

如图4-34所示,类似的情况,还有在右转弯车道进行左转弯、在直行车道进行左转弯、在直行车道进行右转弯、在左转弯车道进行右转弯,这些都是可以变通的。掉头前应留意地面的车行道分界线,具体规定参见本书3.38节。

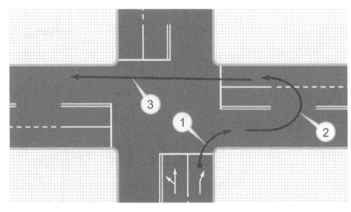

(a)在右转弯车道进行左转弯

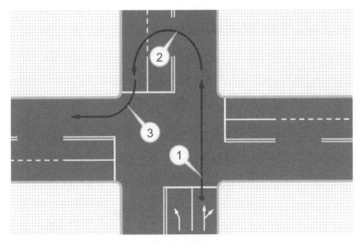

（b）在直行车道进行左转弯

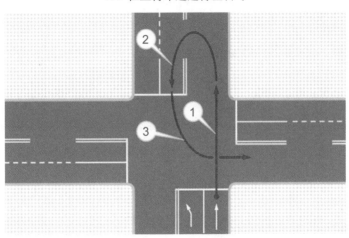

（c）在直行车道进行右转弯

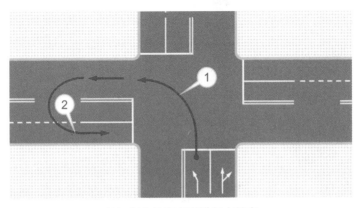

（d）在左转弯车道进行右转弯

图4-34 车道变通

4.23 同为直行车如何让行？

在没有交通信号灯、交通标志、交通标线控制的交叉路口，不同方向直行的车辆在交叉路口相遇时，要让右边的来车优先通行，如图4-35所示。

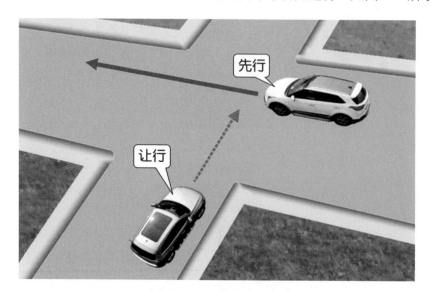

图4-35 让右边的来车先行

如图4-36所示，如果各个方向都有来车，哪个方向的车辆应该先行？

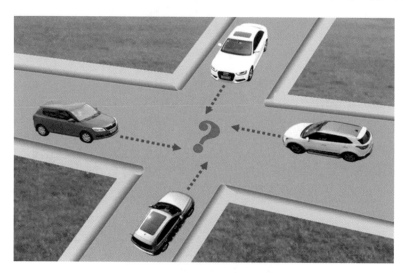

图4-36 哪个方向的车辆应该先行

处于这种复杂的交通情况，安全应当重于效率，各个方向的车辆都应该减速慢行，谨慎通过交叉路口。如果不慎发生车辆碰撞事故，各方事故车辆都要承担不履行安全义务的交通事故责任。

4.24　左转车与右转车如何让行?

在没有交通信号灯控制的交叉路口，相对方向行驶的右转弯的机动车让左转弯的机动车、非机动车优先通行，如图4-37所示。此项规则，也适用于机动车信号灯控制的交叉路口。

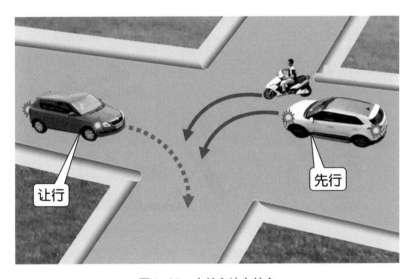

图4-37　右转车让左转车

4.25　转弯车与直行车如何让行?

在没有交通信号灯、交通标志、交通标线控制的交叉路口，不同方向行驶的汽车在交叉路口相遇时，右转弯或者左转弯的车辆要让直行通过交叉路口的车辆优先通行，如图4-38所示。此项规则，也适用于由机动车信号灯控制的交叉路口。

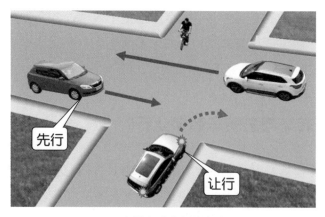

（a）右转车让左侧直行车

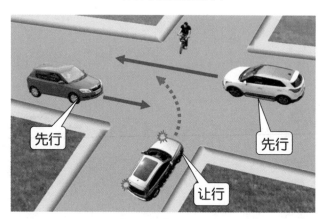

（b）左转车让左侧和右侧直行车

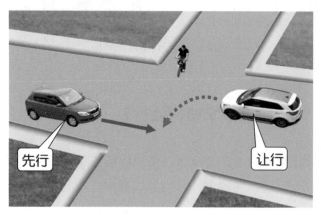

（c）左转车让相对方向直行车

图4-38　转弯车让直行车

4.26　右道车与本道车如何让行？

根据《中华人民共和国道路交通安全法实施条例》第五十二条第二项的规定，机动车通过没有交通信号灯控制也没有交通警察指挥的交叉路口，没有交通标志、标线控制的，在进入路口前停车瞭望，让右方道路的来车先行。

让右方道路的来车先行可分为以下两种情形。

❶ 右道车直行，本道车直行或者转弯时，本道车让右道车先行，如图4-39所示。

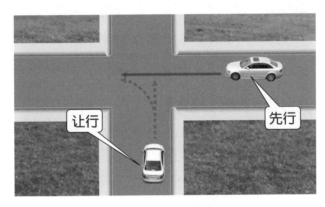

图4-39　本道车直行或转弯时让直行的右道车

❷ 右道车转弯，本道车也转弯时，本道车让右道车先行，如图4-40所示。

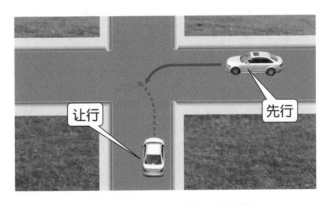

图4-40　同为转弯车时让右道车先行

例外情况：右道车转弯，本道车直行时，右道车让本道车先行，如图 4-41所示。

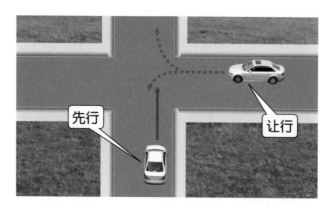

图4-41　转弯的右道车让直行的本道车

4.27　车辆合流时有何规则？

机动车行至车道减少的路口或者路段，如果遇到前方有机动车停车排队或者缓慢行驶的情况，既不可抢行，也不必谦让，应当按照通行规则的要求，每车道一辆依次交替驶入车道减少的路口、路段，如图4-42所示。

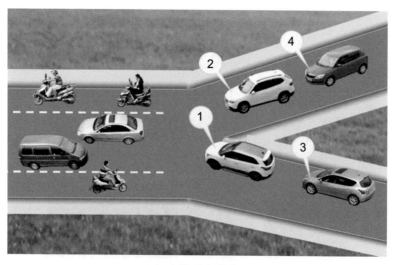

（a）车道减少的路口

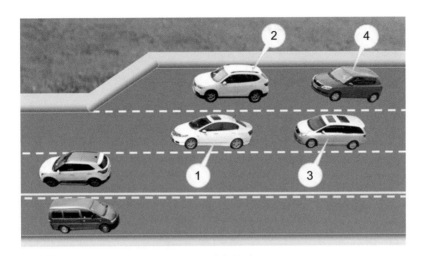

（b）车道减少的路段

图4-42　依次交替通行

4.28　如何通过环形交叉路口？

如图4-43所示，准备进入环形交叉路口的车辆，要让已经在环形交叉路口内行驶的车辆优先通行。在驶离环形交叉路口时，应当开启右转向灯。特别要注意，车辆在环形交叉路口内只能围绕环岛逆时针行驶，不可为了抄近路围绕环岛顺时针行驶。

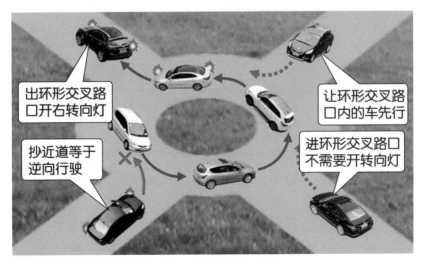

出环形交叉路口开右转向灯

让环形交叉路口内的车先行

抄近道等于逆向行驶

进环形交叉路口不需要开转向灯

图4-43　通过环形交叉路口

4.29　如何通过两种信号灯的路口？

被人们称为新版交通信号灯的《道路交通信号灯设置与安装规范》（GB 14886—2016），于2017年7月1日开始实施。随着新版信号灯的发布实施，近年来道路上方向指示信号灯与机动车信号灯组合设置的路口逐渐增多，这种组合信号灯有利于加强对左转弯和右转弯车辆的控制。驾驶人一定要准确理解两种信号灯组合之后的含义，以免因误闯信号灯被记分和罚款。

（1）左转方向指示信号灯与机动车信号灯组合　在有些路口方向指示信号灯靠向道路内侧，如图4-44所示，左转弯的车辆要注意观察方向指示信号灯，当方向指示信号灯的绿色箭头灯亮时，左转弯的车辆方可通过路口；右转弯的车辆在不妨碍被放行的车辆、行人通行的情况下，可以进入路口右转弯。

图4-44　注意观察方向指示信号灯

如图4-45所示，直行的车辆要注意观察机动车信号灯，当机动车信号灯的绿灯亮时，直行的车辆方可通行；此时，右转弯的车辆在不妨碍被放行的车辆、行人通行的情况下，可以进入路口右转弯。

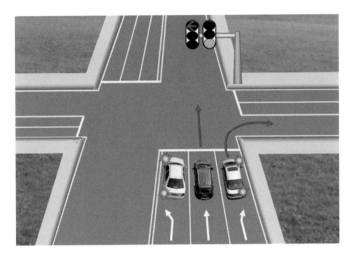

图4-45 注意观察机动车信号灯

（2）右转方向指示信号灯与机动车信号灯组合 在有些路口方向指示信号灯靠向道路外侧，如图4-46所示，右转弯的车辆要注意观察方向指示信号灯，当方向指示信号灯的绿色箭头灯亮时，右转弯的车辆方可通过路口。

图4-46 右转弯车辆注意观察箭头灯

如图4-47所示，直行和左转弯的车辆要注意观察机动车信号灯，当机动车信号灯的绿灯亮时，直行和左转弯的车辆方可通行。

图4-47　红色箭头灯亮时不准右转弯

（3）左转和右转方向指示信号灯与机动车信号灯组合　如图4-48所示，当机动车信号灯的绿灯亮，左转和右转方向指示信号灯的红色箭头灯亮时，直行的机动车可以通行，右转弯和左转弯的机动车不准通行。

图4-48　直行车辆可以通行

如图4-49所示，当左转方向指示信号灯的绿灯亮，机动车信号灯和右转方向指示信号灯的红灯亮时，左转弯的机动车可以通行，直行和右转弯的机动车不准通行。

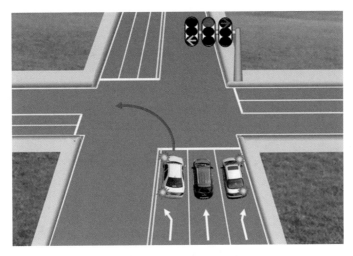

图4-49 左转弯车辆可以通行

　　如图4-50所示，当右转方向指示信号灯的绿灯亮，机动车信号灯和左转方向指示信号灯的红灯亮时，右转弯的机动车可以通行，直行和左转弯的机动车不准通行。

图4-50 右转弯车辆可以通行

　　如图4-51所示，当机动车信号灯的红灯亮，左转和右转方向指示信号灯的绿色箭头灯亮时，直行的机动车不准通行，左转弯和右转弯的机动车可以通行。

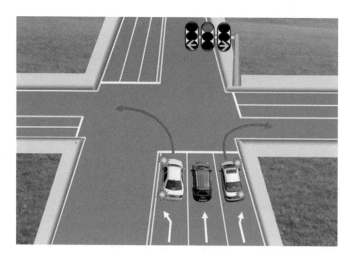

图4-51　直行车辆不准通行

4.30　如何通过左转右置的路口？

通常情况下左转弯车道位于道路的内侧，然而也有例外，个别路口将左转弯车道设置在道路的外侧。如图4-52所示，辅路车道按照常规设置，主路车道采取左转右置的分布方式。

图4-52　主路车道左转右置分布

如图4-53所示，由于道路上存在左转右置车道的情况，驾驶车辆时一定要注意观察交通标志的提示，提前做好选择车道的准备。

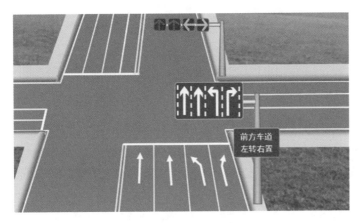

图4-53 左转右置车道提示

4.31 如何通过右转左置的路口?

如图4-54所示,半挂车、大客车、大货车、渣土车、工程机械车等,这些车的车身高、车体长、驾驶人视线盲区大,行驶在右转车道右置的交叉路口右转弯时,大型车辆与非机动车近距离混合通行,受视线盲区的影响,不便于大型车辆驾驶人观察右侧的非机动车,从而带来交通安全隐患;右转右置车道距离右侧出口车道近,车辆右转弯时的回旋余地小,导致大型车辆右转弯困难。

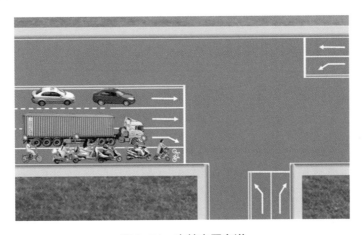

图4-54 右转右置车道

如图4-55所示，在大型车辆交通流量比较大的交叉路口，可以对车道进行反常规设置，将右转车道设置于道路的内侧，拉开了大型车辆与非机动车的距离，这样有利于减少大型车辆驾驶人右转弯时视线盲区带来的安全隐患，有利于大型车辆驾驶人观察非机动车的交通动态，也有利于降低大型车辆右转弯的难度。

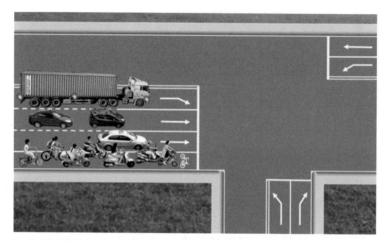

图4-55　右转左置车道

由于右转左置车道的存在，迫使我们不能一味地凭经验开车，错误地认为最内侧的车道就一定是左转车道，要通过对交通标志和交通标线的观察，来确定车道在路口的实际分布情况。

4.32　面对黄灯如何通行？

红、黄、绿三色信号灯中的黄灯，属于绿灯与红灯之间的过渡信号或缓冲信号，具有禁止通行和允许通行的双重含义。如果绿灯信号和红灯信号之间没有黄灯信号来过渡，绿灯熄灭，接着就是红灯点亮，由于车辆行驶具有一定的速度，靠近路口停止线的车辆必然要紧急制动，很容易引发后车追尾的交通事故。

如图4-56所示，当绿灯熄灭，黄灯点亮（或者绿灯闪烁）时，如果车辆还没有越过停止线，应该在停止线后方停车，等待下一次的放行信号。

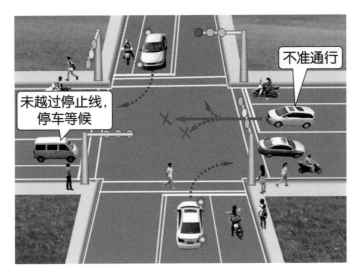

图4-56　未越过停止线的车辆不准通行

　　如图4-57所示，黄灯亮时，车头任何部位越过停止线的车辆，仍可继续通行。

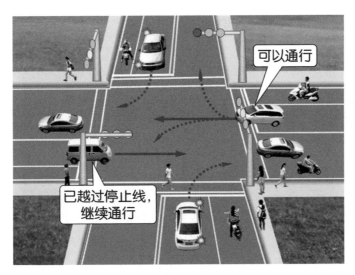

图4-57　已越过停止线的车辆继续通行

　　根据《中华人民共和国道路交通安全法》（以下简称《道路交通安全法》）的规定，黄灯或者红灯亮时，不准车辆通行，也就是说，当黄灯或者红灯亮时，不准车辆越过停止线进入路口。但是，毕竟黄灯和红灯禁行含义还是有所区别的，因此，从实际情况来看，电子监控设施的拍照是在红灯亮时启动的。在路口停止线的前方埋设有感应线圈，当红灯亮时，如果汽车的前轮越过感应线圈，开始产生第一个脉冲感应信号，此时电子监控设施还没有启动；如果车辆继续行驶，当后轮越过感应线圈时，感应线圈产生第二个脉冲感应信号，电子监控设施开始拍照。

根据交叉路口电子监控设施的设置情况，如果红灯亮时，车辆还没有进入交叉路口，一定要停车等候。如果黄灯亮时，车辆距路口的停止线还有一定的距离，也应该停车，不要越过停止线。如果黄灯亮时，车轮已经靠近停止线，此时若紧急制动，有可能造成后车追尾的交通事故。为了防止追尾事故的发生，车辆可以继续行驶，但是要注意，黄灯点亮的时间只有大约3s，一旦黄灯熄灭，红灯点亮时再越过停止线，车辆就要被抓拍了。有些电子监控设施是在黄灯点亮2s时启动的，如果绿灯熄灭，黄灯点亮，车辆能在2s之内越过停止线，也不会被电子监控设施抓拍。

4.33 如何通过左弯待转区的路口？

如图4-58所示，在直行时段，左转弯的车辆应该直接进入左弯待转区。

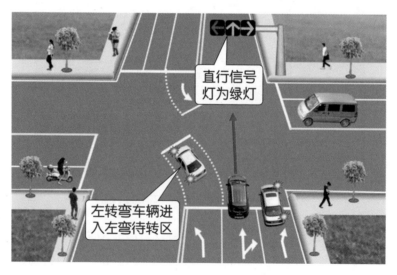

图4-58 直行时段进入左弯待转区

如图4-59所示，左转弯信号灯为绿灯时，左弯待转区内的车辆可以在路口左转弯。

图4-59　绿灯亮时才能左转弯

左转弯时段终止，禁止车辆在左弯待转区内停留。如图4-60所示，如果直行信号灯、左转信号灯均为红灯时，车辆应该在左转弯导向车道内等候放行信号。

图4-60　在左转弯车道停车等候

4.34　如何通过右弯待转区的路口？

在右转弯车辆交通流量特别大的路口，可以开辟右弯待转区，这是解决右转弯车辆通行缓慢的有效措施。

如图4-61所示，当直行信号灯为绿灯时，右转弯车辆可以越过停止线，驶入右弯待转区。

图4-61　右转弯车辆驶入右弯待转区

如图4-62所示，当右转弯信号灯由红灯变为绿灯时，右弯待转区内的车辆可驶出右弯待转区，右转弯离开交叉路口。

图4-62　右转弯车辆通过路口

如图4-63所示，当右转弯信号灯由绿灯变为红灯时，右转弯的车辆不得在右弯待转区内停留；没有进入右弯待转区的车辆，只能在导向车道内等候，不得进入右弯待转区。

图4-63 净空右弯待转区

4.35 如何通过直行待行区的路口？

在直行车道施划直行待行区线，让直行的机动车等候放行的位置适当向前推进，可以提高路口的通行效率。直行待行区的路口通行规定，各地有所不同。

（1）先直行后左转 如图4-64所示，在交叉路口上方设置有LED显示屏。当直行车辆靠近交叉路口时，驾驶人要注意观察前方LED显示屏。如果显示屏上出现"禁止车辆停于待行区"的红色文字，直行车辆应该在停止线之后停车。

如图4-65所示，当显示屏的红色文字消失，变为绿色文字"直行车辆进入待行区"时，直行车辆可越过停止线进入直行待行区。

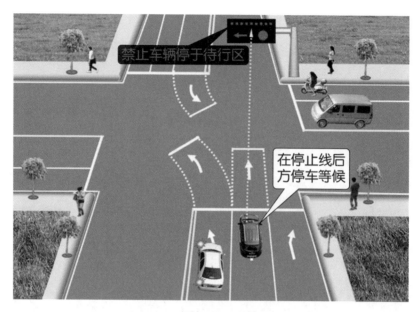

图4-64　显示屏上为红色文字

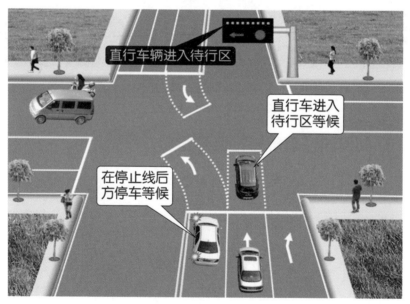

图4-65　显示屏上变为绿色文字

　　如图4-66所示，当直行信号灯由红灯变为绿灯，显示屏上出现"左转弯车辆进入待转区"时，直行车辆可驶出直行待行区，直行通过交叉路口；左转弯车辆可越过停止线，进入左弯待转区。

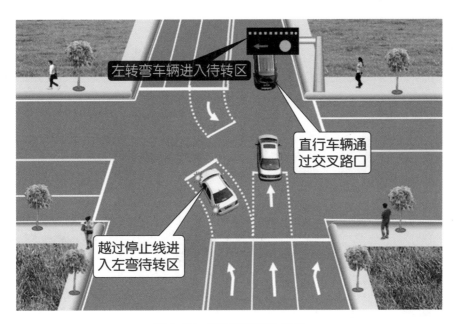

图4-66　直行信号灯为绿灯

如图4-67所示，当左转弯信号灯由红灯变为绿灯时，左弯待转区内的车辆可驶出待转区，左转弯通过交叉路口。

图4-67　左转弯信号灯为绿灯

（2）先左转后直行　如图4-68所示，当交叉路口直行车道前方施划有直行待行区时，如果直行信号灯为绿灯，直行车辆可直接通过路口。如果直行信号灯由绿灯变为红灯，仍未驶出直行待行区的直行车辆，应该继续向前行驶，不应该在直行待行区内停留。

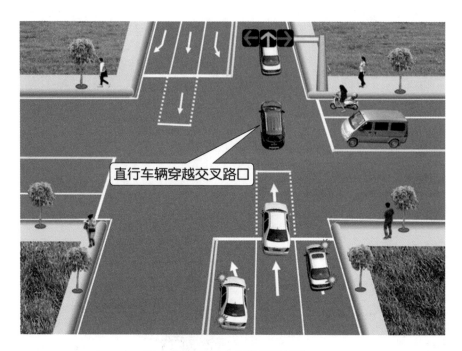

图4-68　直行车辆直接通过路口

如图4-69所示，如果左转弯信号灯、直行信号灯均为红灯，左转弯车辆和直行车辆都应该在各自的导向车道内停车等候。此时，直行车辆驾驶人要注意观察左转弯信号灯。

如图4-70所示，当左转弯信号灯由红灯变为绿灯时，左转弯车辆应该越过停止线驶入路口左转弯；与此同时，直行车辆应该越过停止线驶入直行待行区。

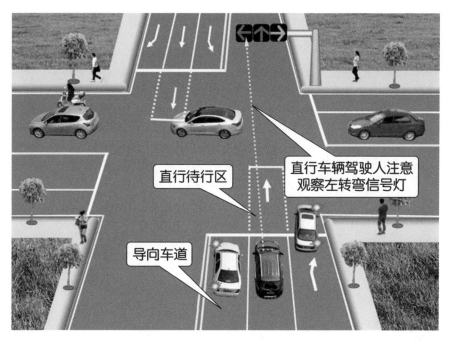

图4-69 左转弯和直行信号灯均为红灯

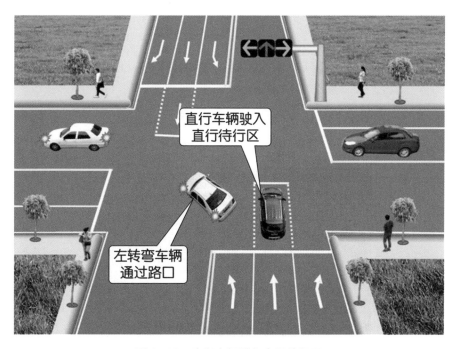

图4-70 直行车辆驶入直行待行区

如图4-71所示，当直行信号灯由红灯变为绿灯时，直行车辆可驶出直行待行区，直行通过交叉路口。

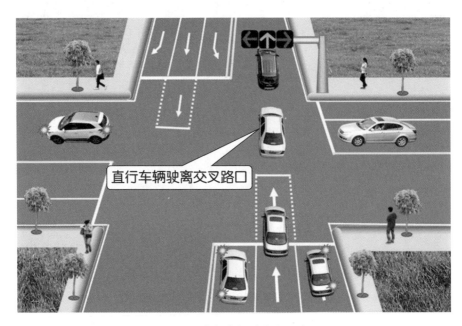

图4-71　直行车辆驶离交叉路口

4.36　如何通过有可变导向车道的路口？

如图4-72所示，为了提示车辆驾驶人道路前方设置有可变导向车道，在将要抵达可变导向车道的路段悬挂有指示标志。

图4-72　可变导向车道指示牌

如图4-73所示，锯齿状的两条白色线条构成的车道就是可变导向车道，可变导向车道内没有施划指示车辆行驶方向的箭头。

如图4-74所示，道路上方悬挂的标志牌上蓝底白箭头的部位用于指示可变导向车道内车辆的行驶方向。图中的白色箭头可以按照预设，在规定的时间段内变为直行箭头，或者变为左转弯箭头。

图4-73　右数第三条车道为　　　　　　图4-74　与白色箭头对应的为
　　　　　可变导向车道　　　　　　　　　　　　　　可变导向车道

可变导向车道的方向指示是随时间变化的，如图4-75所示，由下向上有4条导向车道，在交通高峰时段，直行车的流量大，此时将可变车道设置为直行车道。

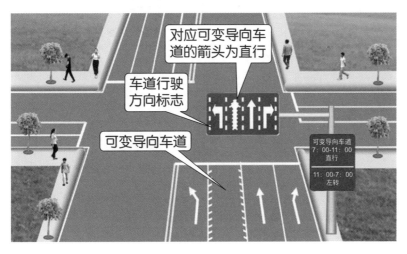

图4-75　可变导向车道为直行车道

如图4-76所示，在交通平峰时段，左转车的流量大，将可变导向车道设置为左转车道。

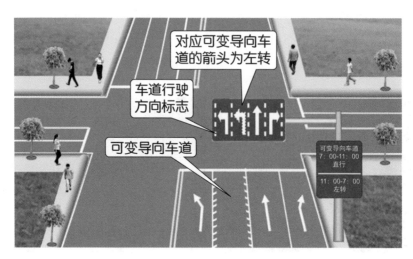

图4-76 可变导向车道为左转车道

当车辆驶入可变导向车道之后，还要注意观察前方路口的交通信号灯。如图4-77所示，只有在与可变导向车道对应的信号灯为绿灯时，可变导向车道内的车辆才能通过路口。

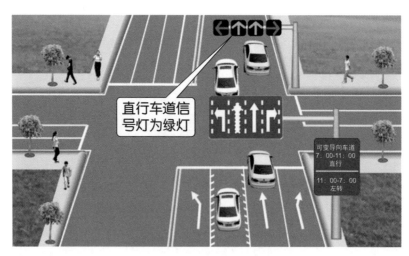

（a）直行车道信号灯为绿灯

（b）左转车道信号灯为绿灯

图4-77 可变导向车道信号灯为绿灯

总之，在进入可变导向车道之前，要注意观察告示牌、可变指示标志、交通信号灯。

4.37 如何在多出口掉头车道掉头？

如图4-78所示，常规的机动车掉头车道只有一个出口，这会导致掉头车辆的通行效率低下。

图4-78 一出口掉头车道

在掉头车辆流量较大的交叉路口，适合施划多出口掉头车道。如图4-79所示为四出口掉头车道，在掉头车道信号灯的绿灯亮时，可以有4辆车同时掉头，提高了掉头车辆的通行效率。

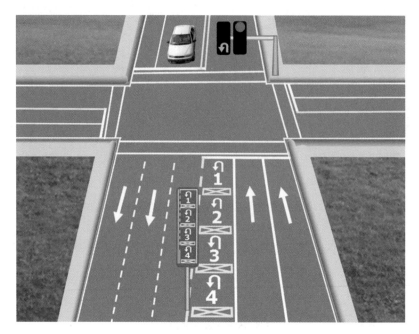

图4-79　四出口掉头车道

掉头车辆在靠近施划有多出口掉头车道的交叉路口时，要按照交通标志的引导依次驶入相应号位的等候区。后驶入掉头车道的车辆要尾随前车选择等候区。当掉头车道信号灯的绿灯亮时，车辆才能从左侧驶出掉头等候区掉头。后一轮驶入掉头等候区的车辆，要按照先后顺序到达对应号位的掉头等候区。车辆进入掉头等候区时，驾驶人要注意观察前方的掉头车道信号灯。红灯亮时，应该停车等候；绿灯亮时，车辆才能掉头。

4.38　路口讲究先来后到吗？

如图4-80所示，左右方向的绿灯亮时，受左转弯A车的阻挡，后方直行的B车在绿灯时段未能驶离路口。

图4-80　A车左转弯导致B车受阻

如图4-81所示，随后左右方向的绿灯熄灭，红灯点亮，上下方向的绿灯点亮，C车越过停止线之后，与B车交叉，在通过交叉点时，哪一方车辆应该让行？

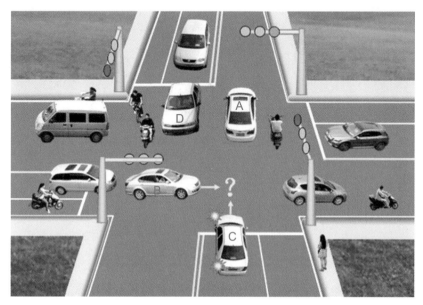

图4-81　C车与B车哪一方让行

这种情况应该按照后灯车让前灯车的方法来处理。不同方向的车辆（B车、C车）都是在绿灯点亮的时段进入交叉路口的，后进入交叉路口的C车，应当让先进入交叉路口的B车优先通行。也就是说，C车应该让B车先行，而不应该与B车抢行。

让B车首先驶离交叉路口，可以避免交叉路口的阻塞，并且有利于C车、D车两个方向的车流顺利通过交叉路口。往往由于C车不让B车，最后导致整个交叉路口堵塞，如图4-82所示。

图4-82　后灯车不让前灯车导致路口堵塞

4.39　出口车道阻塞能否前行？

遇到图4-82所示的情形，随后各个方向还在交替放行，交叉路口很快就会被彻底堵死。机动车遇有前方交叉路口交通阻塞时，应当依次停在路口以外等候，不得进入路口。

还有一种情况值得汽车驾驶人注意，如图4-83所示，即便是交叉路口没有完全阻塞，如果某一个方向的出口车道出现车辆滞留的情况，其他方向准备进入该车道的车辆，应该在路口之外停车等候，以免出现交叉路口堵死的后果。

交叉路口出口车道阻塞

图4-83　不准进入交叉路口

4.40　如何通过无信号灯的铁路道口？

如图4-84所示，无信号灯的铁路道口设有相应的交通标志和交通标线，驾驶人要注意观察交通标志、交通标线的提示，当车辆距铁路道口约150m时，就应该做好通过铁路道口的准备，降低车速，缓慢靠近铁路道口。在到达铁路道口之前，必须停车瞭望，观察有无驶来的列车，确认没有过往的列车后，挂低速挡，平缓驶过铁路道口。

通过无信号灯的铁路道口，务必遵守"一停，二看，三通过"的通行规则。

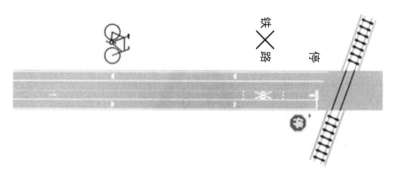

（a）无距离预告标志

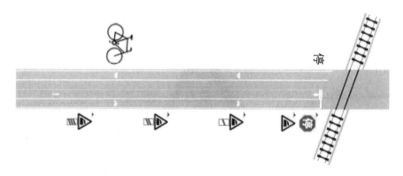

（b）每隔50m设置一个距离预告标志

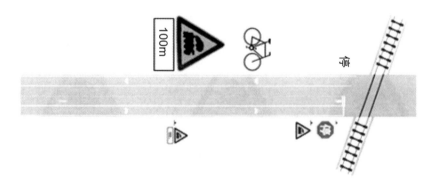

（c）距铁路道口100m处设置距离预告标志

图4-84　无信号灯的铁路道口

4.41 如何通过有信号灯的铁路道口?

如图4-85所示,有信号灯控制的铁路道口,通常在距铁路道口一定距离的地点设有警告标志。

图4-85 有人看守铁路道口警告标志

有信号灯控制的铁路道口,一般有专人看守,在红灯交替闪烁或者红灯亮时,栏杆同时放下。此时,车辆应该在铁路道口以外的停止线后方停车等候,如图4-86所示。只有在红灯熄灭,栏杆升起后,车辆才能通过铁路道口,如图4-87所示。

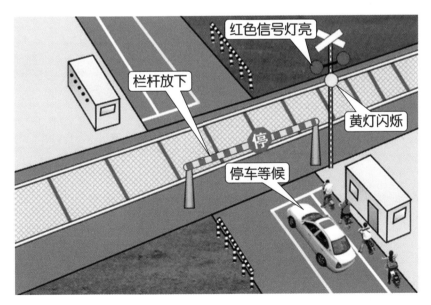

图4-86 红灯亮时停车等候

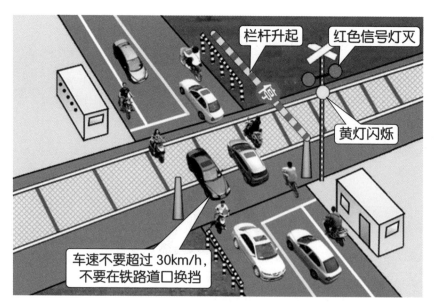

图4-87 红灯熄灭后才能通过铁路道口

在列车将要驶来时,铁路道口信号灯的两个红灯开始交替闪烁,蜂鸣器同时发出报警声,此时栏杆将要放下,这时有些驾驶人见列车还没有驶来,不肯停车等候,便加速冲过铁路道口,这种交通安全违法行为是非常危险的。

第 5 章

一般路段车辆行驶规则

5.1 哪些情形使用右转向灯?

如图5-1所示,向右转弯、向右变更车道、超车完毕驶回原车道、靠路边停车时,应当提前开启右转向灯。

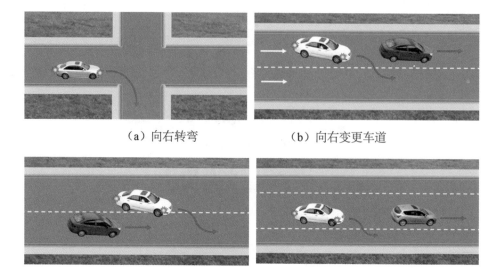

（a）向右转弯　　　　　　　　（b）向右变更车道

（c）超车完毕驶回原车道　　　　　（d）靠路边停车

图5-1　右转向灯的使用

5.2 哪些情形使用左转向灯?

如图5-2所示,向左转弯、向左变更车道、准备超车、驶离停车地点或者掉头时,应当提前开启左转向灯。

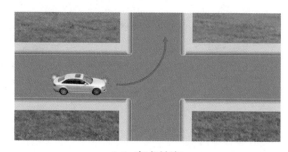

（a）向左转弯

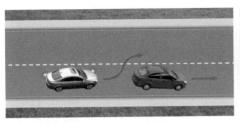

（b）向左变更车道　　　　　　　（c）准备超车

（d）驶离停车地点　　　　　　　（e）掉头

图5-2　左转向灯的使用

5.3 如何进出非机动车道?

如图5-3所示，机动车在路边临时停车，需要由机动车道驶入非机动车道；在驶离停车地点时，需要由非机动车道驶入机动车道。在驶入、驶出

（a）驶入非机动车道

图5-3

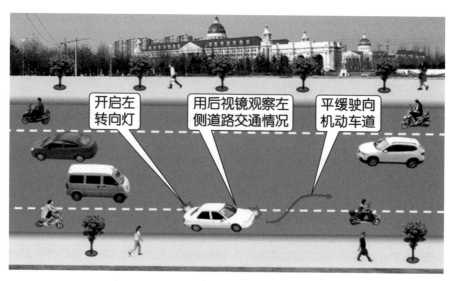

开启左
转向灯

用后视镜观察左
侧道路交通情况

平缓驶向
机动车道

（b）驶出非机动车道

图5-3　机动车借道通行

非机动车道时，机动车属于借道通行。借道通行的机动车，要履行安全义务，为了确保非机动车的行驶安全，机动车要让非机动车道内行驶的非机动车优先通行，不要与非机动车抢行。

如图5-4所示，由于机动车的靠边停车占用了非机动车道，阻碍了非机

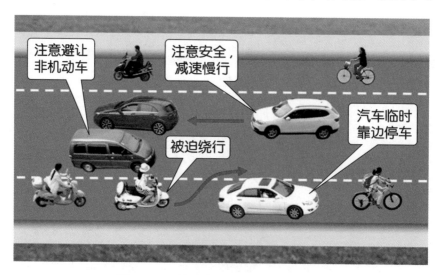

注意避让
非机动车

注意安全，
减速慢行

汽车临时
靠边停车

被迫绕行

图5-4　后边驶来的机动车应减速让行

动车的正常通行，在非机动车被迫进入机动车道的路段，后边驶来的机动车应当减速慢行，以确保非机动车的通行安全。

如图5-5所示，临街大院门前的路段，属于人行道的延伸部分，进、出大院的机动车要横穿非机动车道、人行道，此时，要注意避让过往的非机动车和行人。

图5-5 车辆进出临街大院

有些路段在人行道上施划有机动车停车位，进、出停车位的机动车，需要经过人行道和非机动车道。此种情况，机动车属于借道通行，要注意避让过往的行人和非机动车。

5.4 如何在混合交通的道路行驶?

如图5-6所示，在没有施划交通标线的道路，机动车与非机动车混合通行，机动车在道路中间行驶，非机动车在道路两侧靠右行驶。

如图5-7所示，在没有施划交通标线的道路，机动车会车时，在确保非机动车、行人安全的情况下，靠向道路右侧行驶。

非机动车靠右行驶

机动车在中间行驶

图5-6　机动车在道路中间行驶

机动车会车
靠右行驶

机动车会车
靠右行驶

图5-7　机动车会车靠右行驶

5.5　如何在双向两车道的道路行驶？

如图5-8所示，在双向两车道的道路，以道路中心线为基准，机动车各自在右侧的车道内通行。

如图5-9所示，在对向没有来车的情况下，可以驶向左侧车道实施超车。

图5-8　机动车在右侧车道内行驶

图5-9　利用对向车道超车

5.6　如何让汽车在车道中间行驶？

如图5-10所示，在平坦的地面沿着左侧的前后车轮画上一条直线A，在这条直线的左侧相距50cm处再画上一条平行线B，然后坐在驾驶室内观察地面上的这两条直线，在视线通过挡风玻璃边缘的位置标上记号A、B。有了这两个记号，就可以较为准确地判断左侧车轮在地面上的行驶轨迹了。

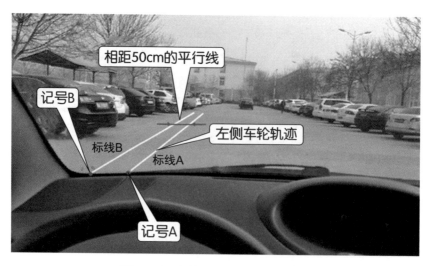

图5-10　在挡风玻璃下缘标上记号

　　如图5-11所示，车辆行驶中，假如通过记号A的视线与地面标线A重合，左侧车轮将会从标线A上碾过，在狭窄的道路、冰雪道路、泥泞道路行驶，可以借助这种方法准确控制车辆的行驶路线，以便跟随前车的车辙行进。假如通过记号B的视线与地面标线B重合，车辆左侧与地面标线B相距约50cm，车辆大致在车道的中间行驶。

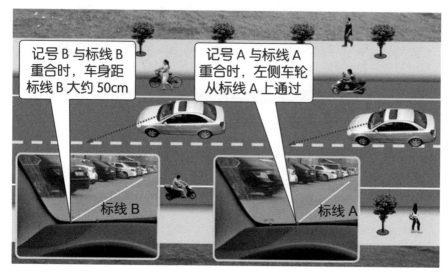

图5-11　判断左侧车轮的行驶轨迹

5.7　如何在双向三车道的道路行驶？

如图5-12所示，双向施划有3条机动车道的道路，以道路中心虚实线为基准，机动车各自在右侧的车道内通行。

图5-12　机动车各自在右侧车道内行驶

如图5-13所示，受路面宽度的限制，双向三车道的道路通行空间分配不均匀，靠向道路中心虚实线虚线一侧的车辆，在不影响对向车辆通行的情况下，可以跨越道路中心虚实线实施超车。靠向道路中心虚实线实线一侧的车辆，不可跨越道路中心虚实线实施超车。

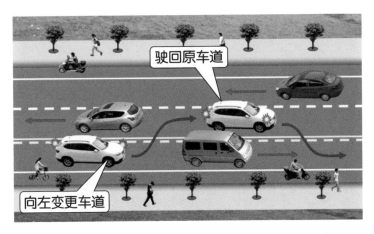

图5-13　虚线一侧的车辆可以越线超车

5.8 如何在双向四车道的道路行驶？

如图5-14所示，双向四车道的道路以道路中心双实线或者中央隔离带为基准，左侧为快车道，供快速行驶的车辆通行，右侧为慢车道，供车速较低的车辆行驶。

图5-14 机动车各自在右侧车道内行驶

如图5-15所示，慢车道内的车辆可以利用快车道实施超车；在同向施划有2条或者2条以上机动车道的道路，变更车道的车辆不得影响相邻机动车道内的车辆正常行驶。

图5-15 不得影响相邻机动车道内的车辆行驶

5.9　如何变更车道？

（1）变更车道的基本注意事项　如图5-16所示，不要连续变更车道，尤其是在拥挤的路段，连续变更车道是危险的。

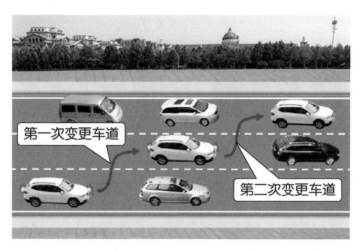

图5-16　不要连续变更车道

如图5-17所示，要在开启转向灯3s之后才能变更车道，不要因为变更车道而长时间骑、轧车道分界线，变更车道之后，要注意关闭转向灯。

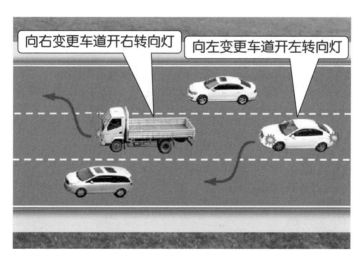

图5-17　变更车道时开转向灯

变更车道之前，要利用后视镜观察将要进入的车道是否空闲，假如在后视镜看到将要进入的车道有来车，可根据当时的车速快慢、来车在后视镜中影像的大小确定能否变道。

（2）向右变更车道　如图5-18所示，来车影像占右后视镜的2/3以上时，不可向右变更车道。

图5-18　不可向右变更车道

如图5-19所示，来车影像占右后视镜的1/2以下时，在车速低于10km/h的情况下可以向右变更车道。

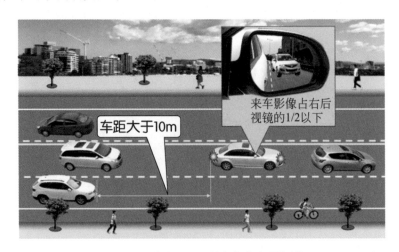

图5-19　相距10m以上向右变更车道

如图5-20所示，来车影像占右后视镜的1/4以下时，在车速低于20km/h的情况下可以向右变更车道。

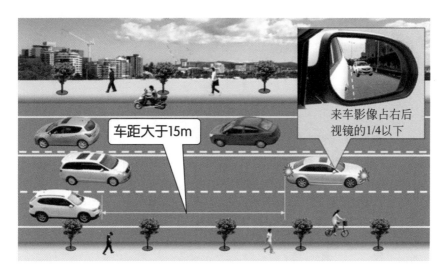

图5-20 相距15m以上向右变更车道

（3）向左变更车道 如图5-21所示，来车影像占左后视镜的1/2以上时，不可向左变更车道。

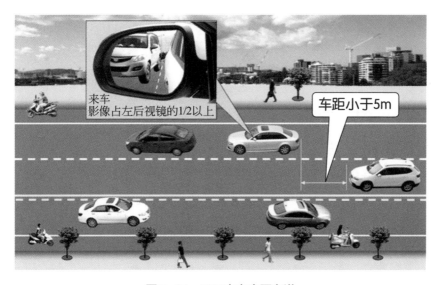

图5-21 不可向左变更车道

如图5-22所示，来车影像占左后视镜的1/3以下时，在车速低于10km/h的情况下可以向左变更车道。

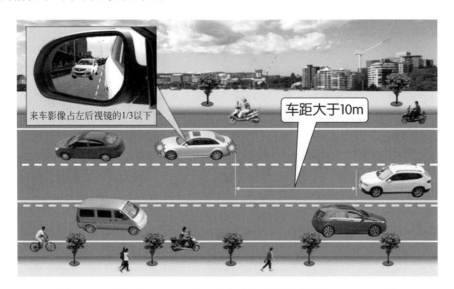

图5-22　车距大于10m时可向左变更车道（车速低于10km/h）

如图5-23所示，来车影像占左后视镜的1/4以下时，在车速低于20km/h的情况下可以向左变更车道。

图5-23　车距大于13m时可向左变更车道（车速低于20km/h）

5.10　怎样安全超车?

如图5-24所示,在超车之前应该观察前车动态,注意前车左侧是否有动态障碍和静态障碍,确认具备超车空间之后,向前车发出超车信号。

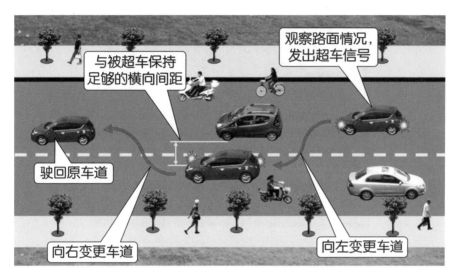

图5-24　从左侧超车

超车信号,首先是开启左转向灯,在非禁止鸣喇叭的路段,还可以通过鸣喇叭向前车示意;夜间的超车信号,除了开启左转向灯之外,还要交替变换远光灯和近光灯,这样能更好地使前车明白后车要超车的意图。

在超越前车的过程中,要与被超车保持足够的横向间距,以免与前车发生剐蹭事故。当超过前车时,应该将左转向灯关闭,随即开启右转向灯,继续向前行驶。当与被超车拉开足够的纵向距离,确认不会因为向右变更车道而发生剐蹭和追尾事故之后,再向右变更车道,驶回原车道。

被超车一方,如果发现后车发出超车信号,在前方一定距离内的路面无动态障碍和静态障碍、对面无来车的情况下,应当主动为后车提供超车的便利条件,降低车速,同时靠右让路,必要时还可以开启右转向灯,示意后车超越。被超车一方在让超时,不仅要为超车一方着想,也要为自身的行车安全着想。

5.11 哪些情形不准超车？

在不利于安全的情况下是不允许超车的，如图5-25～图5-27所示的情形，不准超车。

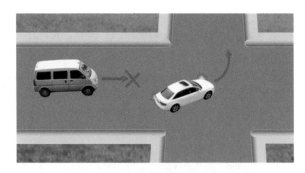

图5-25 前车正在左转弯时不准超车

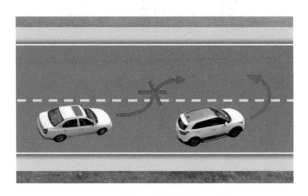

图5-26 前车正在掉头时不准超车

图5-27 前车正在超车时不准超车

另外，在以下情况下不准超车。

❶ 如图5-28所示，前车为执行紧急任务的警车、消防车、救护车、工程救险车的。

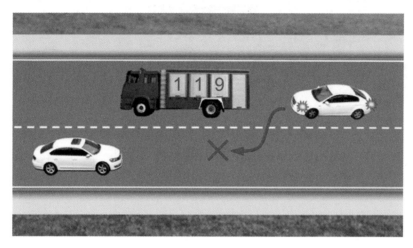

图5-28　不要超越执行任务的消防车

❷ 行经铁路道口、交叉路口、窄路、窄桥、弯道、陡坡、隧道、人行横道、市区交通流量大的路段等没有超车条件的。

5.12　如何避让校车？

校车在沿途上下学生时，会开启危险报警闪光灯，打开停车指示标志，停在道路的右侧。此时，后方驶来的车辆可以超越路边上下学生的校车吗？

2022年4月1日开始实施的公安部令第163号规定，驾驶机动车不按照规定避让校车的，一次记3分。

什么是"按照规定避让校车"？ 2012年4月发布的《校车安全管理条例》第三十三条对此有明确规定。

如图5-29所示，校车在同方向只有一条机动车道的道路上停靠时，后方车辆应当停车等待，不得超越。

图5-29 同方向只有一条机动车道

如图5-30所示,校车在同方向有两条及两条以上机动车道的道路上停靠时,校车停靠车道后方和相邻机动车道上的机动车应当停车等待,其他机动车道上的机动车应当减速通过。

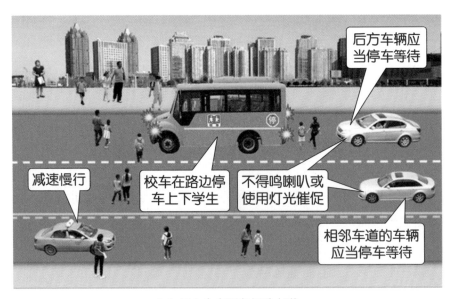

(a)同方向有两条机动车道

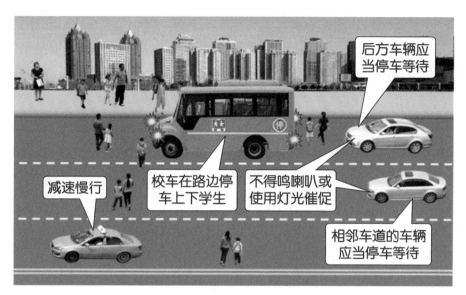

（b）同方向有两条以上机动车道

图5-30　避让校车

5.13　如何通过多乘员车道？

近年来，我国许多城市设置了多乘员车辆专用车道，该车道英文缩写为HOV（high-occupancy vehicle lane）。设置HOV车道可以减少空驶车辆对道路资源的占用，鼓励人们同乘出行，以达到节能、减排、环保的目的。

如图5-31、图5-32所示，在HOV车道的起点和沿途架设有相应的交通标志，路面上施划有"多乘员专用"的文字。

图5-31　HOV车道起点

图5-32　HOV车道沿途

车辆在HOV车道通行的具体规定，各地不尽相同。例如，规定在周一至周五7:30～9:00、17:00～19:00的交通高峰时段，交通标志指向的车道为HOV车道，此时段核定载客人数为9人（含9人）以下的小型、微型载客汽车可以驶入HOV车道。在HOV车道行驶的车辆，车内乘员（含驾驶人）必须在2名以上，其中副驾驶座不得乘坐12周岁以下儿童。如果违反了这些规定，驾驶人将会受到记6分、罚款200元的处罚。

5.14　不同车速应保持多少行车间距？

在正常的路面行驶，要根据车速来确定与前车的间距，见表5-1。

表5-1　跟车安全距离

车速 /（km/h）	跟车距离 /m	车速 /（km/h）	跟车距离 /m
20	10	70	70
30	20	80	80
40	30	90	90
50	40	100	100
60	50	> 100	取车速数值

在雾天、雨天、雪天等不良气候条件下，由于视线不良，路面抗滑性能下降，跟车距离还应当更大一些。

5.15　如何判断行车间距？

在交通拥挤的路段，车辆行驶缓慢，时走时停，跟车距离过小容易发生追尾事故，跟车距离过大会给加塞的车辆提供便利条件，影响自身的安全。为了准确地控制跟车距离，可将挡风玻璃下缘作为参照物，判断车距的大小。

以普通三厢轿车为例，如图5-33所示，当车距为30m时，车体在挡风玻璃的视窗中占据的面积很小。

当车距较近时，看到的车体比较大。如图5-34所示，当穿过前挡风玻璃下缘的视线与前车后轮下部相交时，车距为3～4m。

图5-33 从远处看正前方的车

图5-34 看到前车后轮胎下缘

如图5-35所示，当穿过前挡风玻璃下缘的视线与前车后保险杠下部相交时，车距为2～3m。

如图5-36所示，当穿过前挡风玻璃下缘的视线与前车后保险杠上部相交时，车距为1m左右。

图5-35 看到前车后保险杠下缘

图5-36 看到前车后保险杠上缘

5.16 哪些情形不准掉头？

如图5-37～图5-44所示，机动车在有禁止掉头或者禁止左转弯标志、标线的地点以及在铁路道口、人行横道、桥梁、急弯、陡坡、隧道或者容易发生危险的路段，不得掉头。

图5-37 有禁止掉头标志的地点不得掉头

图5-38　有禁止左转弯标志、标线的地点不得掉头

图5-39　在铁路道口不得掉头

图5-40　在人行横道不得掉头

图5-41　在桥梁不得掉头

图5-42　在急弯不得掉头

图5-43　在陡坡不得掉头

图5-44　在隧道不得掉头

5.17　如何通过人行横道？

如图5-45所示，机动车行经人行横道时，应当减速行驶；遇到行人正在通过人行横道时，应当停车让行。

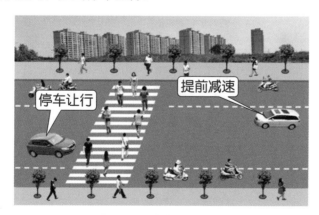

图5-45　行经人行横道

如图5-46所示，在靠近学校、商业区、公园等行人密集的路段，为了提示车辆避让人行横道内的行人，在人行横道的两侧还专门施划了人行横道预告标识和停止线，车辆行至菱形的人行横道预告标识处，就应该开始减速，如果发现人行横道内有行人横过车行道，应该在停止线后方停车让行。

图5-46 注意人行横道处的预告标识

5.18 蓝色标线停车位是何含义？

图5-47 夜间限时停车位

如图5-47所示，蓝色标线施划的停车位为免费停车位，为了防止因车辆停放阻塞交通，沿街施划的免费停车位仅允许夜间停车，停车时要按照顺行方向将车停放在道路右侧。驾驶人一定要注意这些细节，不要因为违停让爱车贴上罚单或被拖走。

5.19 如何安全进出地下停车场?

如图5-48所示,地下停车场的进出口处安装有减速丘。如图5-49所示,地下停车场内的过道也安装有减速丘,车辆只有低速行驶才能平稳通过减速丘。

图5-48 地下停车场进出口处的减速丘　　图5-49 地下停车场过道的减速丘

如图5-50所示,地下停车场的路网纵横交错,车辆进入地下停车场之后,驾驶人要注意观察地面的导向箭头,注意地面上方的指示标志,要寻找合适的停车位,要避让进出车位的车辆,要避让寻找电梯口的行人,在这样复杂的情况下,驾驶人必须做到注意力集中和注意力的合理分配,要做到这些,就必须要降低车速,给自己留出应对突发状况的时间。

车辆在驶出地下停车场时,弯道多,随时都会有视线盲区,到达地下停车场的出口时,车辆处于上陡坡行驶状态,观察路面困难,车辆操作难度增大。如图5-51所示,在地下停车场的出口处还要进行车辆号牌识别或收取停车费用,驾驶人更要做好降低车速和停车的准备。

图5-50 在地下停车场才能　　　　图5-51 停车场出口要识别
　　　见到的标志　　　　　　　　　　车辆号牌或收费

5.20 如何靠边停车?

如图5-52所示,在平坦的地面沿着右侧的前后车轮画上一条直线A,在这条直线的右侧相距20cm处再画上一条平行线B,然后坐在驾驶室内观察地面上的这两条直线,在视线通过挡风玻璃边缘的位置标上记号A、B。有了这两个记号,就可以较为准确地判断右侧车轮在地面上的行驶轨迹了。

图5-52 在挡风玻璃下缘标上记号

如图5-53所示,车辆行驶中,当通过记号A的视线与地面标线A重合

图5-53 判断右侧车轮的行驶轨迹

时，右侧车轮将会从标线A上碾过，在狭窄的道路、冰雪道路、泥泞道路行驶，可以借助这种方法准确控制车辆的行驶路线，以便跟随前车的车辙行进；当需要靠路边停车时，让通过记号B的视线与道路边缘线（路缘石）重合，车辆右侧与路边大约有20cm的间距。

5.21　哪些地点不准停车？

❶ 如图5-54所示，在设有禁停标志、标线的路段，在机动车道与非机动车道、人行道之间设有隔离设施的路段以及人行横道、施工地段，不得停车。

（a）有禁停标志、标线的路段

（b）有隔离设施的路段

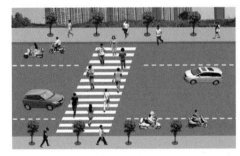

（c）人行横道

（d）施工地段

图5-54　不得停车的路段

❷ 如图5-55所示，交叉路口、铁路道口、急弯路、宽度不足4m的窄路、桥梁、陡坡、隧道以及距离上述地点50m以内的路段，不得停车。

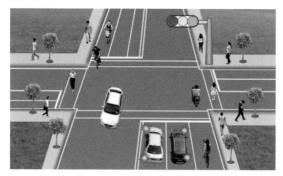

（a）交叉路口

（b）铁路道口

（c）急弯路

（d）宽度不足4m的窄路

（e）桥梁

（f）陡坡

（g）隧道

图5-55　50m以内不得停车的地点

❸ 如图5-56所示，公共汽车站、急救站、加油站、消火栓或者消防队（站）门前以及距离上述地点30m以内的路段，除使用上述设施的以外，不得停车。

（a）公共汽车站

（b）急救站

（c）加油站

（d）消火栓或者消防队（站）门前

图5-56　30m以内不得停车的地点

第 **6** 章

高速公路车辆行驶规则

6.1 新手可以在高速公路上驾车吗？

根据《机动车驾驶证申领和使用规定》（公安部令第162号）的规定："机动车驾驶人初次取得汽车类准驾车型或者初次取得摩托车类准驾车型后的12个月为实习期"。人们常把实习期内的驾驶人称为新手。

新手驾驶车辆的时间不足一年，驾驶技术还有待提高，驾驶经验还需要积累，为了降低新手驾驶机动车在高速公路上行驶的风险，《道路交通安全法》对新手驾驶机动车有一些特别的规定。比如说，在实习期内驾驶机动车的，应当在车身后部粘贴或者悬挂统一式样的实习标志，如图6-1所示。

图6-1　实习标志

新手是可以在高速公路上驾驶车辆的，但是要有熟练的驾驶人陪同。

获取驾驶证不足一年的新手，驾驶机动车上高速公路行驶，应当由持相应或者更高准驾车型驾驶证三年以上的驾驶人陪同。其中，驾驶残疾人专用小型自动挡载客汽车的，可以由持有小型自动挡载客汽车以上准驾车型驾驶证的驾驶人陪同。在增加准驾车型后的实习期内，驾驶原准驾车型的机动车时不受上述限制。

此外，实习期内的新手不得驾驶公共汽车、营运客车或者执行任务的警车、消防车、救护车、工程救险车以及载有爆炸物品、易燃易爆化学物品、剧毒或者放射性等危险物品的机动车；驾驶的机动车不得牵引挂车。

6.2 驶入高速公路之前要进行哪些准备？

高速公路属于全封闭、全立交的快速通道，进入高速公路行驶的车辆中途不允许停车，不允许拦截过往车辆求援。因此，在进入高速公路之前，要进行一些准备工作。

❶ 如果是燃油汽车要检查燃油是否足量，如果是纯电动汽车要察看续驶里程是否足量。

❷ 重点检查灯光、制动、转向、轮胎等是否完好。如图6-2所示，要特别注意察看轮胎是否有外伤，假如已经发现轮胎存在开裂现象，要果断更换完好的轮胎之后才能让车辆进入高速公路行驶。

图6-2　检查轮胎是否有开裂现象

❸ 注意检查车辆的装载情况，告知乘客安全注意事项，察看货物捆绑是否牢靠，车厢挂钩或厢式车辆车门是否锁牢。

❹ 制订一个简单的行车计划，包括进出路口的位置、行驶路线、行车时间和途中休息、进餐、加油等内容。

6.3　在高速公路上开车不可有哪些行为？

（1）行车中猛踩刹车　车辆在高速行驶的状态下，如果驾驶人猛踩刹车，车辆很可能会发生漂移现象，从而导致车辆行驶方向失控，造成与其他车辆发生碰撞或者与高速公路护栏发生碰撞的交通事故，还有可能酿成车辆倾覆的严重后果。

（2）行车中急打方向　车辆在高速公路行驶中，如果驾驶人急打方向，车辆会瞬间偏离原来的行驶路线，顷刻间发生车与车相撞或者车与高速公路护栏发生碰撞的交通事故，猛打方向产生的侧向离心力还会导致翻车的严重后果。

（3）开车赌气　车速比较低的大货车、大客车占用了右侧的行车道，左侧快车道上的小车车速偏低，长时间与右侧的大车并行，后方车辆驾驶人因无法顺利超车而产生怨气，激发路怒症，在报复心理的支配下，将行车安全抛到了脑后。

（4）开车时接打电话　无论是在普通公路还是在高速公路上开车，接打电话时总是会在不知不觉中降低车速，这种现象发生在普通公路上，会阻碍其他车辆正常通行；若是发生在高速公路上，则很容易引发车辆追尾事故。

（5）倒车或掉头　在高速公路分岔口选错了路线，或者错过了高速公路出口，采用倒车或掉头的方法弥补过错，违反了高速公路的行车规则，必然会被高速公路的交通技术监控设备记录下来，不仅要受到交通违法处罚，如果发生了交通事故，还要承担全部责任。

6.4 行经高速公路收费站要注意什么？

如图6-3所示，高速公路收费广场施划有5～10组减速标线，第一组减速标线设置于距广场中心线50m的地方，车辆到达收费广场时要平稳减速。

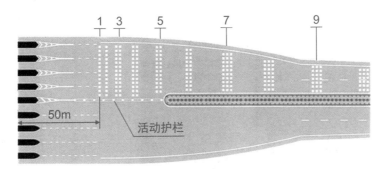

图6-3　收费广场减速标线的设置

如图6-4所示，车辆在进入收费站前，要注意观察通道上方的交通信号灯和交通信息告示板，以免误闯信号灯，或者因不了解高速公路的临时规定而发生交通安全违法行为。

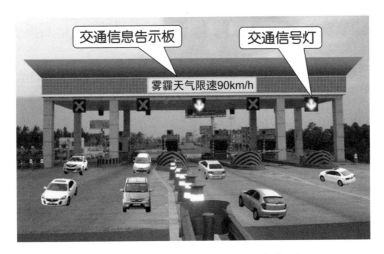

图6-4　注意交通信号灯和交通信息告示板

6.5 如何驶入高速公路行车道?

如图6-5所示,车辆通过收费站之后,便进入加速车道。进入加速车道之后,应开启左转向灯,迅速将车速提高到60km/h以上,并注意观察左侧的行车道有无来车。在不妨碍行车道内车辆正常行驶的情况下,平稳地驶入行车道。

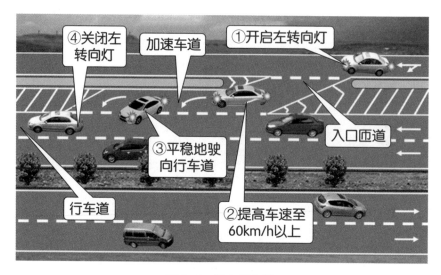

图6-5 驶入行车道

6.6 不同车种在高速公路上行驶有哪些限速规定?

车辆在高速公路上行驶,正常情况下,最高车速不得超过120km/h,最低车速不得低于60km/h。

高速公路针对不同车种的最高车速限制不同,见表6-1。

表6-1 不同车种的最高车速限制

车辆类型	最高车速/(km/h)
小型载客汽车	120
其他机动车	100
摩托车	80

《中华人民共和国道路交通安全法实施条例》第七十八条第二款规定了摩托车在高速公路的速度限制，这表明国家法律赋予了摩托车在高速公路的通行权。考虑到摩托车没有外壳保护，自身安全性能不佳，许多地方性交通安全法规规定摩托车不允许驶入高速公路。

6.7 高速公路上不同车道的限速有哪些不同？

高速公路针对不同车道限制最低车速，高速公路车道的分布如图6-6所示。

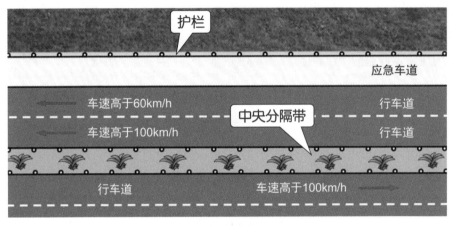

（a）同方向有2条行车道

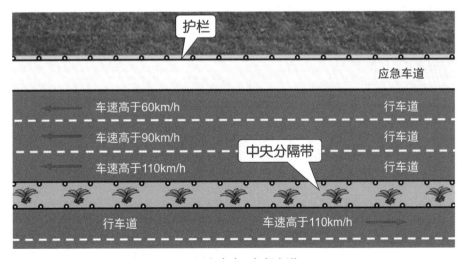

（b）同方向有3条行车道

图6-6

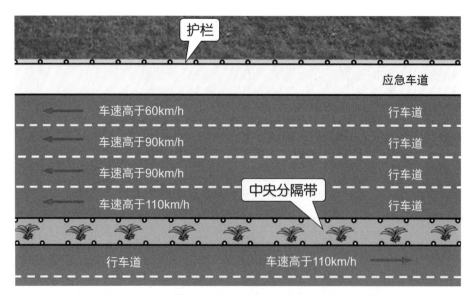

（c）同方向有4条行车道

图6-6　高速公路车道的分布

高速公路同方向的每条行车道最低限速是有所区别的。以大客车为例，在高速公路的最高车速不得超过100km/h，在同方向有3条以上行车道的高速公路，最左侧的行车道最低车速不得低于110km/h，显然，大客车是不准驶入最左侧的行车道的。因此，驾驶机动车在高速公路行驶，要根据车辆类型、不同车道对车辆行驶速度的限制，来选择相应的行车道，如图6-7所示。

图6-7　选择相应的行车道

6.8　在高速公路上行驶选择哪条车道？

如图6-8所示，如果是道路上方有交通标志指示的，应该按照交通标志的指示选择相应的车道。在没有交通标志指示的高速公路行驶，小客车以外的车辆应该在道路最右侧的慢车道行驶，小客车应该在与慢车道相邻的快车道行驶，需要超车的车辆可以进入左侧的车道通行，超车完成后要及时驶回原车道。

图6-8　与交通标志对应的车道限速

6.9　在高速公路上行驶怎样选择车速？

高速公路车辆的限速在60～120km/h的范围之内，正常气象条件下，车辆的平均车速大约为100～120km/h。从安全的角度考虑，在不超过高速公路最高限速120km/h的前提下，与前车保持大致相等的平稳车速较为安全，这样可以减少超车的次数，降低行车的风险。

6.10　在高速公路上行驶应保持怎样的跟车距离？

车辆在高速公路上行驶，当车速超过100km/h时，应该与前车保持100m以上的跟车距离；当车速低于100km/h时，与前车的跟车距离可以适当缩短，但最小间距不得小于50m。

6.11　在高速公路上行驶如何确认跟车距离？

如图6-9所示，为了便于驾驶人准确目测跟车距离，在高速公路的入口路段设有确认跟车距离的交通标线，驾驶人可利用交通标线来验证与前车的跟车距离。

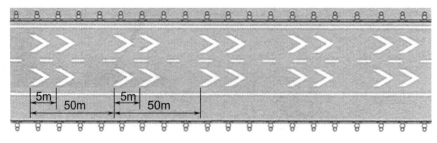

（a）白色折线车距确认线

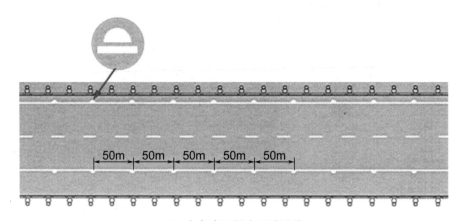

（b）白色半圆状车距确认线

图6-9　确认跟车距离

6.12　在高速公路上行驶如何防止追尾？

在高速公路上行驶，最好是随车流保持相对平稳的车速。如果车速忽高忽低，会增加车辆追尾和被追尾的概率。另外，不要长时间尾随高大的汽车，小轿车尾随车体较大的汽车，会增加视线盲区，若发生追尾事故损失往往更严重，如图6-10所示。

图6-10　轿车与大货车追尾

6.13　如何在高速公路上超车？

超车需要变更车道，车辆在高速行驶的情况下，变更车道会增加交通事故的风险。如果确需超越前车，首先应该有充分的思想准备，观察左后方是否有将要超越自己的车辆，在排除左后方的不安全因素之后，再观察左前方的超车道上是否存在影响超车的障碍物。在确认左前方符合超车条件的情况下，果断开始超车，开启左转向灯，向左变更车道。在超越前车的过程中，要与前车保持足够的纵向和横向车距，以免发生车辆剐蹭事故。超越前车后不可立刻返回原车道，要关闭左转向灯，开启右转向灯，与被超车辆拉开50～100m的车距之后，平稳驶回原车道。

6.14　车辆在高速公路上发生故障或事故怎么办？

在高速公路行驶途中，因车辆发生故障需要停车检修时，驾驶人应当立即开启危险报警闪光灯，车辆能够移动的，应迅速将车辆转移至右侧的应急车道内。无论车辆是否能够移动，驾驶人都应当让车内人员迅速转移到右侧路肩上，并在距故障车来车方向150m以外的地点设置警告标志，如图6-11所示。

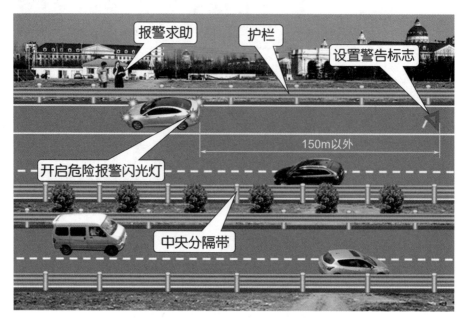

图6-11 开启危险报警闪光灯并设置警告标志

机动车在高速公路上发生故障或者交通事故，无法正常行驶的，应当迅速拨打122交通事故报警电话，请求援助或处理事故。故障车或事故车应当由救援车、清障车拖曳、牵引。在高速公路上，驾驶人不得拦截过往车辆牵引故障车或事故车。

6.15 雨天如何确保在高速公路上的行车安全？

阴雨天气，光线暗淡；雨点扑打在挡风玻璃外表面，形成水膜，遮挡视线；空气湿度大，挡风玻璃内表面会出现白色的水汽，使驾驶人的视线模糊。以上多种因素影响了驾驶人对道路情况的观察。路面的积水容易导致车轮打滑和转向失控。基于以上种种原因，阴雨天气在高速公路上开车一定要加倍谨慎，要适当控制车速，加大跟车距离。

6.16 高速公路低能见度时如何行驶?

尽管高速公路强调运行效率,但是,在一些不良的气象条件下,更要注重交通安全。驾驶车辆在高速公路上行驶,遇到雾、雨、雪、沙尘、冰雹等恶劣天气时,要根据道路上的能见度,及时开启汽车上相应的灯光,降低车速,与前车保持适当的跟车距离,必要时尽快驶离高速公路,见表6-2。

表6-2 高速公路低能见度行驶

能见度	＜200m 时	＜100m 时	＜50m 时
开启灯光	雾灯、近光灯、示廓灯、前后位灯	雾灯、近光灯、示廓灯、前后位灯、危险报警闪光灯	雾灯、近光灯、示廓灯、前后位灯、危险报警闪光灯
车速限制	≤60km/h	≤40km/h	≤20km/h
跟车距离	＞100m	＞50m	尽快驶离高速公路

6.17 夜间在高速公路上行驶使用哪种车灯?

高速公路属于单向交通,相邻车道内车辆的行驶方向相同,不存在会车的情况;高速公路对向车道之间有中央护栏和中央分隔带进行物理隔离;高速公路上车辆的跟车距离通常在100m以上,夜间的跟车距离更大一些。因此,夜间在高速公路上行驶要尽量使用远光灯,要注意观察前车的尾灯是否正常点亮,以免发生车辆追尾事故。

6.18 在高速公路上行驶如何使用转向?

在高速公路上行驶由于车速高,会感到转向灵敏或发飘。因此,转动转向盘时,不能猛打猛回,否则,强大的离心力会影响汽车行驶的横向稳定性,甚至会导致侧滑、翻车等危险。

6.19　在高速公路上行驶如何使用制动？

车辆处于高速行驶的状态，轮胎与地面的附着力降低，若使用紧急制动，很容易出现车辆的跑偏、侧滑现象，也会造成后车的追尾事故。在高速公路上行驶，如果需要车辆减速，应该松开加速踏板，断续踩下制动踏板，采用点刹车的方法减速，可以防止因制动导致的车辆失控，制动灯的闪烁也能提醒后车及时减速。

6.20　如何消除在高速公路上行车的乏味感？

在高速公路上行驶，制动、变速、转向等操作动作少，没有会车和行人等交通因素的干扰刺激，容易使驾驶人感到单调乏味而引发疲倦。长时间在高速公路上行驶，驾驶人可采取一些刺激措施，如食用口香糖、放音乐，短时间打开天窗或者将车门窗玻璃稍打开一些等。行车中感到睡意袭来时，要果断将车开到沿路的服务区或停车场，稍作休息，以消除疲劳。

6.21　为什么说在高速公路上行驶不宜开车窗？

当车速达到80km/h以上时，如果开窗行驶，由车窗进入的强风会让人有不舒适的感觉；会增大汽车的行驶阻力（空气阻力），空气阻力所增加的油耗与开启空调所增加的油耗大致相当；空气与车身的摩擦还会增大车厢内的噪声。所以，炎热天气在热浪滚滚的高速公路上行驶，应该关闭车窗，开启空调。

6.22　在高速公路上行车有哪些禁忌？

❶ 禁止倒车、逆行、掉头或在车道内停车。

❷ 禁止在匝道、加速车道或者减速车道超车。

❸ 如图6-12所示，禁止骑、轧行车道分界线或者在路肩上行驶。

图6-12 禁止骑、轧行车道分界线

❹ 禁止非紧急情况时在应急车道行驶或者停车。

❺ 禁止试车或者学习驾驶机动车。

6.23 如何驶离高速公路?

如图6-13所示,为了使驾驶人了解高速公路的出口信息,以便提前做好驶离高速公路的思想准备,在距高速公路出口2km的地点就开始设置出

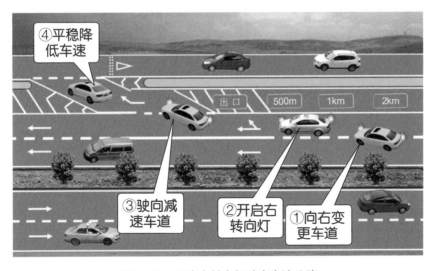

图6-13 开启右转向灯驶离高速公路

口预告标志了，如果车辆准备在前方出口驶离高速公路，见到此标志驾驶人就应该将车辆变更到右侧的行车道内行驶。

驾驶人看到高速公路出口预告标志之后，前方道路的车道分界线将很快由虚线变为实线，驾驶人必须在虚线路段将车辆变更到右侧的行车道，到达实线路段后不允许再变更车道。

当车辆距离出口500m处时，应该开启右转向灯，进入减速车道之后，要平稳地将车速降低到60km/h以下。

6.24　错过高速公路出口怎么办？

在驶入高速公路之前，应该事先了解高速公路途经的路线。驶入高速公路之后，要注意观察指路标志。如果在分岔口选错了行驶路线，或者错过了高速公路出口，不允许倒车、逆行、掉头，不允许停车问道，只能继续向前行驶，在下一个出口驶离高速公路。在高速公路的出口处，距离收费站不远的地点设有专供车辆掉头的缺口，可以掉头返回高速公路，然后在预定的高速公路出口驶离高速公路。

如果车辆在高速公路上行驶错过了预定的出口，相距下一个出口还有较远的路程，可以继续向前行驶，进入前方的高速公路服务区，利用高速公路服务区的下穿通道到达高速公路的另一侧，在高速公路的另一侧寻找预定的出口。

第 **7** 章

不良通行条件安全驾驶

7.1 车辆在窄路如何让行？

❶ 如图7-1所示，在狭窄的路段会车，有障碍的一方让无障碍的一方先行。如果有障碍的一方已经驶入障碍路段，无障碍的一方未驶入障碍路段，无障碍的一方让有障碍的一方先行。

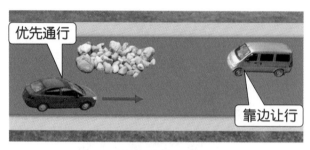

（a）无障碍一方先行

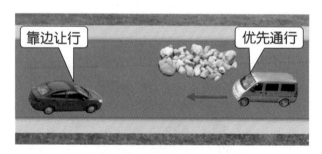

（b）有障碍一方先行

图7-1　有障碍路段的让行

❷ 如图7-2所示，在狭窄的路段会车，有让路条件的一方应该靠右让行。

图7-2　有让路条件的一方让行

❸ 如图7-3所示，在狭窄的坡路行驶，下坡车让上坡车先行。如果下坡车已经行至中途，而上坡车还没有开始上坡，上坡车让下坡车先行。

（a）上坡车先行　　　　　　　　（b）下坡车先行

图7-3　坡道会车

❹ 如图7-4所示，在狭窄的山路会车，靠向山体的一方让不靠山体的一方先行。

图7-4　山路会车

7.2　如何安全通过隧道?

当车辆驶入隧道时，驾驶人由光线充足的露天道路进入了隧道内，光线陡然变暗，眼睛一时很难适应，眼睛对这种明暗的适应，需要8 ～ 10s的调节，这种现象被称为"黑洞效应"。在车辆处于动态行驶中，这短暂的视觉障碍，就有可能引发交通事故。尤其是在晴朗的天气，隧道内外的明暗反差更大，一些缺少经验的驾驶人，在驾车进入隧道时，会突然感到视线模糊，立刻开启汽车大灯（前照灯），然而仍看不清隧道内的路面情况，急忙踩下制动踏板，强制减速，致使车辆在隧道内追尾相撞。还有些驾驶人在手忙脚乱之中，失去了方向控制，与对面来车或隧道内的墙壁相撞。

当车辆驶出隧道时，驾驶人由暗处到达亮处，眼睛已经适应了暗环境，在驶出洞口时，洞外高亮度的景物会在驾驶人眼中形成明亮的"白洞"，这种现象被称为"白洞效应"。由于强光的照射会使驾驶人的视线模糊，给准确观察路面的交通情况带来困难。

由于以上种种原因，致使车辆在通过隧道时，容易发生连环追尾、转向失控、迎面碰撞、侧面剐蹭等交通事故。因此，驾驶机动车通过隧道，应该注意以下事项。

❶ 进入隧道前应适当降低车速。如图7-5所示，隧道入口处有限速标志的，一定要按照交通标志规定的车速行驶。对于大型车辆来讲，还要注意交通标志对隧道的限高、限宽规定。属于单行路或者交替通行的隧道，洞口处还设有交通信号灯，车辆要在绿灯亮时才能进入隧道。

图7-5　注意隧道入口的标志和信号灯

❷ 如图7-6所示，进入隧道前要根据交通标志的提示，开启示宽灯和近光灯，必要时可鸣喇叭。如果是雨天行车，要注意隧道内是否有积水，必要时可下车观察路面情况。

图7-6　开车灯标志

❸ 在车辆刚刚驶入隧道时，由于存在着"黑洞效应"，此时一定要降低车速，待眼睛适应隧道内的暗环境之后，才可以适当提速。

❹ 进入隧道后要谨慎驾驶，不可在隧道内紧急制动、急打方向、超车、倒车、掉头、停车。如果车辆在隧道内发生故障必须停车时，应该尽快开启危险报警闪光灯，然后再设法将车辆转移到隧道之外。

❺ 在较长的隧道内行驶，当听到前方有碰撞声响时，很可能是前方发生了交通事故，此时要立刻开启危险报警闪光灯，并随即降低车速，以避免在隧道内发生连环撞击的交通事故。

❻ 如图7-7、图7-8所示，在一些比较长的隧道内还设有隧道出口距离标志，该标志能够显示隧道出口的距离和弯道走向。在临近隧道出口时，要适当降低车速，握稳转向盘，以便应对"白洞效应"，并提防隧道出口处的横风有可能造成车辆行驶跑偏。

（a）向右侧弯曲　　　　（b）直行　　　　（c）向左侧弯曲

图7-7　位于顶部的隧道出口距离标志

（a）向右侧弯曲　　　　（b）直行　　　　（c）向左侧弯曲

图7-8　位于侧壁的隧道出口距离标志

7.3 远光灯和近光灯用途有何不同？

汽车的前照灯包括近光灯和远光灯，如图7-9所示。

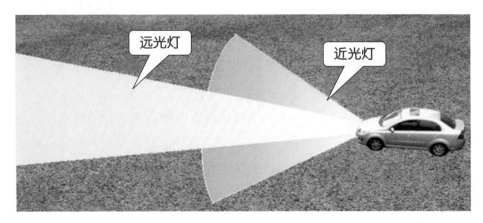

图7-9 前照灯光束

近光灯光线柔和，所以又称防眩目照明灯，它的光束下倾，能照射到车前40m以内的障碍物，主要在夜间会车和有路灯照明的市区道路行驶时使用。

远光灯可照射到车前100m或更远的距离，主要在夜间无对面来车或汽车高速行驶时使用。

如图7-10所示，汽车前照灯有远光灯照射距离远、近光灯照射范围宽的特点，夜间行经无路灯照明的窄路，可以交替变换远光灯和近光灯。灵活地运用这两种灯光，能够更好地观察路面情况，避免汽车与非机动车、行人之间的交通事故。

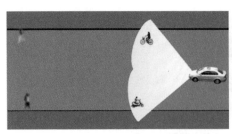
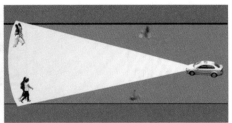

（a）近光灯便于近距离观察路面　　　（b）远光灯便于远距离观察路面

图7-10 夜间通过无路灯照明的路段

夜间驾驶对前照灯的操作包括开启近光灯，开启远光灯，交替使用远近光灯，具体应用见表7-1。

表7-1 前照灯的基本应用

前照灯操作	适用情形
开启近光灯	起步之前，车速在30km/h以下，照明良好的道路，会车，路口转弯，近距离跟车
开启远光灯	无照明、照明不良的道路、高速公路
交替使用远近光灯	超车，通过急弯路、坡路、拱桥、人行横道或者没有交通信号灯控制的路口

7.4 不同车速如何选用车灯？

如图7-11所示，夜间起步时，应该开启左转向灯和近光灯。

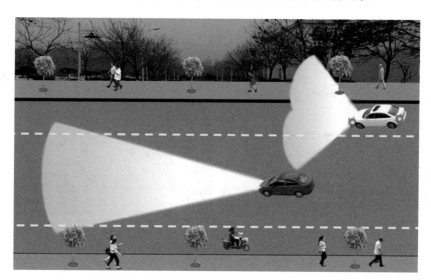

图7-11 夜间起步时灯光的使用

如图7-12所示，当车速低于30km/h时，应该使用近光灯。

如图7-13所示，当车速高于30km/h时，应该使用远光灯。

图7-12　低速行驶时使用近光灯

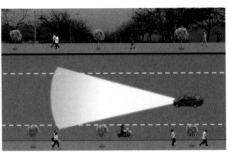
图7-13　高速行驶时使用远光灯

7.5　夜间在交叉路口如何使用车灯?

夜间驾驶机动车,尤其是在没有路灯照明的道路上行驶,透过挡风玻璃向外观察,驾驶人的可见空间远不如白天。

如图7-14所示,夜间行经无路灯照明的交叉路口时,要特别注意过往的非机动车和行人,交替使用远光灯和近光灯,有利于全面观察交叉路口的交通情况。

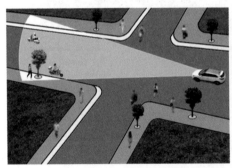
（a）看远

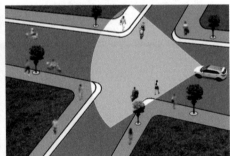
（b）顾近

图7-14　交替使用远近光灯

7.6　夜间会车如何使用车灯?

夜间会车如果使用远光灯,强光直射对方驾驶人的眼睛,会造成对方驾驶人因眩目而视线模糊，难以确认来车的具体位置，很容易发生交通事故。因此，机动车在夜间会车时，应当在距相对方向来车150m以外改用近光灯，如图7-15所示。

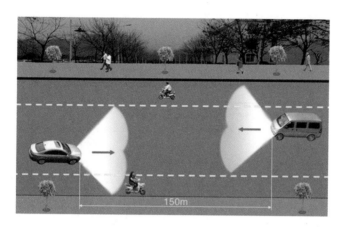

图7-15　距对面来车150m以外改用近光灯

7.7　夜间尾随前车如何使用车灯?

如图7-16所示，为了避免因后车的强光照射导致前车驾驶人眩目，同方向行驶的后车与前车距离比较近时，后车应该使用近光灯，不得使用远光灯。

图7-16　近距离跟车应使用近光灯

7.8 夜间超车如何使用车灯？

汽车在夜间行驶，当需要超越前车时，应当开启左转向灯，同时变换使用远近光灯，待前车让出超车路面之后，从前车的左侧超越，如图7-17所示。

图7-17 夜间超车时灯光的使用

7.9 夜间在窄路上行驶如何使用车灯？

机动车夜间在窄路、窄桥上与非机动车会车时，如果使用远光灯，在强光的照射下，会造成骑车人的视觉障碍，从而引发机动车与非机动车之间的交通事故。因此，夜间在窄路、窄桥上与非机动车会车时，应当使用近光灯，如图7-18所示。

图7-18 在窄路、窄桥上与非机动车会车时使用近光灯

7.10 夜间在拱桥上行驶如何使用车灯?

如图7-19所示,夜间通过拱桥时车速不可过高,如果使用远光灯,照射范围窄,此时可改为使用近光灯,或者交替使用远近光灯。

(a)远光灯便于远距离观察桥面情况　　(b)近光灯便于近距离观察桥面情况

图7-19 在拱桥路段交替使用远近光灯

7.11 如何利用车灯判断路面线形变化?

如图7-20所示,当灯光的照射距离由近变远时,表明车辆已经到达坡顶,或者是开始下坡。

如图7-21所示,当灯光的照射距离由远变近时,表明车辆前方是上坡路段,或者是车辆正处于起伏坡道的低谷路段。

图7-20 灯光由近变远　　　　图7-21 灯光由远变近

如图7-22所示,在夜间行驶如果灯光照射至道路的一侧,表明车辆驶入弯道。

如图7-23所示,汽车在弯道行驶的时候,可改为使用近光灯,或者交替使用远近光灯,这样可以扩大视野。

图7-22　灯光偏向道路的一侧

图7-23　交替使用远近光灯可以扩大视野

7.12　雨天如何安全驾驶？

（1）正确使用车灯　雨天空气湿度大，由于汽车驾驶室内外有温差，挡风玻璃朝向驾驶室的一面容易形成水雾，影响视线；滴落到挡风玻璃上的雨水也会妨碍驾驶人的视线。雨天行车可以开启空调或暖风的鼓风机，吹散挡风玻璃内表面的水雾；开启刮水器，刮除挡风玻璃外表面的雨水。雨天光线阴暗，可以开启汽车的前示位灯和后示位灯，以便提示过往的车辆、行人注意避让。必要时，还可以开启危险报警闪光灯，以增强提示效果。在阴暗的雨天行车，如果能见度较低，还可以开启汽车的近光灯，以便观察车外情况。

如图7-24所示，雨天在路边临时停车时，要开启危险报警闪光灯。

图7-24　雨天临时停车时开启危险报警闪光灯

（2）正确使用制动　雨天视线不良，路面湿滑，有些路段还会有积水，汽车的制动性能下降。所以，雨天驾驶应当降低车速，选择与车速匹配的挡位，要尽量避免使用紧急制动。

（3）正确使用转向　雨天路滑，尤其是在泥泞道路上行驶，转向要柔和，转向盘的转动要早打、慢打、慢回，不可突然猛转转向盘，以免车身横滑。

7.13　雷雨天气如何防雷电？

如果暴雨实在太猛无法行驶，不要贸然下车避雨，在车内避雨会更安全一些。因为，假如雷电击中汽车，电流会经车身表面传至地面，车内的乘员一般不会因雷电而发生意外。

在车内避雨要注意停车地点的选择，不要把车停在孤立的高地，不要在大树、高压线下方避雨，不要在变压器附近停车避雨，不要在有积水的地方避雨。

雷雨天气不要使用手机通话，应该关闭手机，以免手机引来雷电。

7.14　如何涉水驾驶？

汽车涉水驾驶时，由于水的浮力和润滑作用会使车轮与地面的附着力变小，车辆行驶的稳定性变差，车轮容易发生空转和侧滑；积水会增大汽车的行驶阻力；汽车行驶中水容易进入车内，会引起汽车电气设备短路或失效，同时也会造成驾驶人视觉上的误差；对水底的路面情况也难以观察。

为了安全通过积水路段，驾驶人要注意以下事项。

（1）注意观察积水的深度　雨季特别是暴雨天气，低洼路段、立交桥下、隧道等处往往会存有积水。遇到面积大、水位深的积水，不可贸然通过，一是观察其他车辆能否通过，二是选择绕行路线。

（2）防止发动机熄火　汽车涉水的基本要求是发动机的转速要高一些，以避免发动机熄火；车速要低一些，以减小水面的波动。

新手开车百事通

如图7-25所示，如果是驾驶手动挡的汽车，可用右脚适当踩下加速踏板，让发动机的转速维持在2000～2500r/min，同时用左脚稍微踩下离合器踏板。

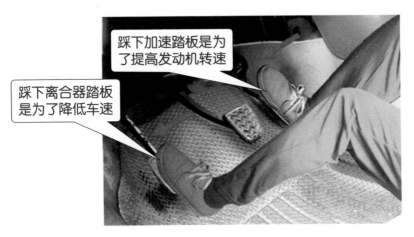

图7-25　手动挡汽车涉水

如图7-26所示，如果是驾驶自动挡的汽车，可用右脚适当踩下加速踏板，让发动机的转速维持在2000～2500r/min，同时用左脚稍微踩下制动踏板。

图7-26　自动挡汽车涉水

汽车在较深的积水中熄火是非常糟糕的事情，遇到这种情况如果强行启动发动机，成功的希望是渺茫的，只能设法求援。

（3）不要尾随前车过近 汽车涉水时，不要尾随前车过近，与对面来车的横向间距也应该适当增大，以免水波激荡，造成高压线漏电而导致发动机熄火。

（4）目光不要总是盯着水面 车辆在通过积水路段时，有本车荡起的水面波纹，还有迎面车辆荡起的水面波纹。如图7-27所示，由于水面波纹的波动方向不同，如果驾驶人的目光总是盯着水面，对车辆的实际动态判断有可能出现失误，还有可能引起驾驶人的眩晕，从而导致对车辆的不当操作。

（a）车保持静止，水面向前波动，若眼睛盯着水面会有倒车的感觉

（b）车保持静止，水面向后波动，若眼睛盯着水面会有前进的感觉

图7-27 目光不要盯着波动的水面

本来车速并不高，驾驶人通过水面波纹观察到的车速却很高，于是松开油门，猛踩刹车，实际上车已经停止了，驾驶人仍然死死地踩着刹车，如果车前有障碍物，驾驶人会更加恐慌。

为什么会出现这种错觉呢？就是因为驾驶人的眼睛紧盯着波动的水面，慌乱之中，驾驶人忽略了对油门的控制，发动机就这样熄火了。

水面的波动还会给驾驶人带来另外一种错觉，本来车速已经不低了，驾驶人通过水面波纹观察到的车速却很低，于是进一步提高车速。车速越高，水面的激荡越激烈，结果荡起的积水被发动机吸入，导致发动机熄火。

激荡的水面波纹会导致驾驶人对车辆的行驶速度出现判断误差。因此，车辆在涉水时，驾驶人的目光不要总是盯着水面，应该把目光放得远一些，或者以固定物体为参照物。

（5）涉水之后检验制动效能　汽车在涉水过程中制动器有可能浸入泥水，从积水中驶出之后，要使用低速挡行驶一段路程，在踩下加速踏板的同时间断轻踩制动踏板，以便排出制动器中的泥水，确认制动效能恢复之后，才能转入正常车速行驶。

（6）涉水之后检查车辆号牌　汽车在通过积水路段时，水的冲击作用有可能会使车辆号牌脱落，所以，涉水之后要检查车辆的前后号牌是否丢失。

7.15　如何通过有积水的涵洞？

如图7-28所示，涵洞地势低洼，在下暴雨时，涵洞内如果有积水，一定要查明水的深度。

图7-28　注意积水，谨慎通行

有些涵洞的入口处设置有注意积水标志，驾驶人可以根据标志指示的水位判断车辆能否通过。

普通轿车的涉水深度一般为30～40cm，越野车的涉水深度一般为40～70cm。如果水位已经超过汽车的涉水深度，汽车很可能在水中熄火。

7.16　雾天如何安全驾驶?

雾天车外能见度低，车窗易积聚冷凝水，从驾驶室向外观看的视线差。冬季有雾时，地面还会潮湿或结霜，影响汽车的制动性能。如果是雾霾天气，往往分布面积大，持续时间长。

（1）保持挡风玻璃的清洁　雾天行车要把挡风玻璃和车窗玻璃擦拭干净，若玻璃上有尘土很容易凝结水汽，使视线更加模糊。浓雾中行车可间歇使用刮水器，以便刮除挡风玻璃上凝结的小水珠。

（2）调节车速　雾天行驶的车速，要根据能见度来确定。能见度在30m之内时，车速不应超过20km/h；能见度在5m以内时，最好选择安全地点停车，待雾消退或减轻后再继续上路行驶。

（3）注意行车路线　雾天由于视线不良，许多驾驶人会在行驶路线上发生偏差。一些驾驶人为了防止会车时与对面来车相撞而靠向道路右侧行驶；有些驾驶人为了防止与同向的自行车相撞而靠向道路左侧行驶。以上这些情况增加了车辆行驶路线的不确定性，车辆驾驶人对此应该有防范意识。

（4）正确使用车灯　雾天行车，不宜使用前照灯，因为前照灯射出的光线会被雾气漫反射，使车前出现一团白茫茫的景象，导致驾驶人更难以看清路面上的情况。雾天行车应该开启防雾灯，防雾灯能发出黄色的灯光，黄色的灯光在雾中具有较好的穿透性能，可以起到一定的照明效果。雾霾消退之后，要及时关闭防雾灯。正常气候在夜间行驶，不得使用防雾灯，以免造成对向来车驾驶人的眩目。

7.17 团雾天气如何安全驾驶？

有些时候雾的分布是不均匀的，这种雾如同地面上飘浮的云朵，人们把这种雾称为团雾。

如图7-29所示，由于团雾天气雾在路面上的分布不均匀，车辆在无雾或浅雾区域车速较高，驶入团雾或浓雾区域时能见度突然降低，有些驾驶人会立刻采取紧急制动措施，车辆追尾的交通事故就这样发生了。

图7-29　团雾天气行车

在团雾天气行车，要及时觉察前方道路的能见度，根据能见度的变化及时调节车速。当能见度降低，或者看到前方道路的雾加重时，要提前降低车速。

雾天尾随前车行驶，要注意观察前车的制动灯，发现前车的制动灯点亮，后车应该及时做出相应的反应。

7.18 冬季燃油车如何预热？

启动发动机之后，适当地进行预热升温，有利于延长发动机的使用寿命。

发动机预热升温的时间主要取决于气温，夏季用1～2min的时间来预热就可以了，春秋季节需要用2～3min的时间来预热，冬季发动机的预热时间要长一些，大约需要3～5min的时间。

发动机具有防止冷车熄火的功能，冷车启动之后便自动进入约1100r/min的高怠速运转状态，等到发动机的温度升高之后，发动机的转速会自动降低。因此，还有一种简便的方法，冷车启动之后，观察发动机转速表，当发动机转速降低到1000r/min之下，或者水温表的指针开始移动了，汽车就可以投入运行了。

适当的预热升温，确实有利于减少发动机的磨损。然而，从实际情况来看，有些汽车的说明书中，并没有对此事项做出明确要求，驾驶人可以根据实际气温和出车时间是否紧迫来把握。

在时间许可的情况下，让发动机预热升温是有益的。时间紧迫，来不及预热，也应该用低速挡让汽车缓慢行驶一段路程，待发动机温度上升之后，再加挡运行。

7.19　冬季如何防止刮水刷冻结？

寒冷的冰雪天气，为了避免刮水刷冻结在挡风玻璃上，在收车之后，可以扳动刮水臂，让刮水刷离开挡风玻璃，如图7-30所示。

图7-30　让刮水刷离开挡风玻璃

7.20　如何化解车辆侧滑甩尾？

　　车辆在冰雪、泥泞等湿滑道路行驶，容易发生侧滑甩尾和摆头的现象。

　　如图7-31所示，假如是后轮出现侧滑，导致车尾靠向路边，不可急踩刹车，不可猛打方向，那样会加剧车辆甩尾。应该放松油门，利用发动机制动降低车速，同时向侧滑甩尾的一侧平缓地转动转向盘，等到车身顺正之后，再逐渐驶向道路中间。

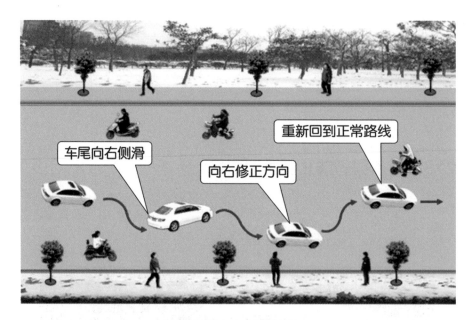

图7-31　处置侧滑甩尾

7.21　如何化解车辆侧滑摆头？

　　如图7-32所示，假如是前轮出现侧滑，导致车头靠向路边，不可猛打方向修正，不可急踩刹车，那样会加剧车辆摆头。应该停车，然后向后倒车，让车身重新回到道路中间，再接着继续向前行驶。

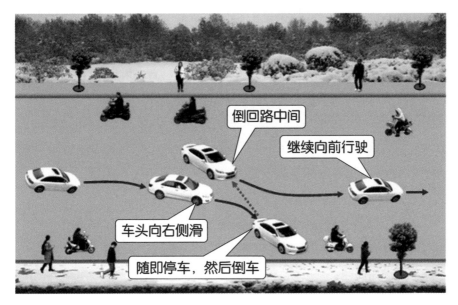

倒回路中间

继续向前行驶

车头向右侧滑

随即停车，然后倒车

图7-32　处置侧滑摆头

7.22　如何应对在冰雪道路上行驶的车轮打滑？

汽车在冰雪道路上行驶，车轮容易打滑。特别是在汽车起步、爬坡时，驱动轮空转，尽管发动机能够提供强劲的动力，汽车却难以移动。

在冰雪道路上行驶，为了防止车轮打滑，可以适当降低轮胎气压，以增加轮胎与地面的接触面积，增强轮胎的抓地能力。轮胎的气压降低之后，轮胎的滚动阻力以及变形量都会增大，因此，当汽车进入正常路面行驶时，应该把轮胎的气压恢复到正常值。

为了防止汽车在冰雪道路上行驶车轮打滑，对于乘坐车来讲，如果是前轮驱动的汽车，要让乘员在汽车的前排就座；如果是后轮驱动的汽车，要让乘员在汽车的后排就座。

给汽车换上花纹粗大的越野轮胎，或者将原来的低压窄胎改装为超低压的宽胎，这样做能够收到一定的车轮防滑效果。

在冰雪道路上行驶，防止车轮打滑最可靠、最实惠的办法，当属在车轮上安装防滑链。

车辆侧滑是冰雪道路上车辆发生交通事故的推手。因此，如果你愿意拿出足够的资金为所有车轮都购买防滑链，并且有充足的时间给所有的车轮安装防滑链，当然，这是最好不过的。

如果你所在的城市并非整个冬季都被冰雪覆盖，冬季只是在有限的时间内下几场雪，下雪之后市政公司会很快清除积雪，或者采取融雪措施，一个冬天下来，可能只有几天在冰雪道路上行驶，而且只是在上下班的路途用车，很少跑长途，那就不一定非要把所有的车轮都安装上防滑链，你只需要在驱动轮上安装防滑链就可以了。

防滑链固然可以提高车轮的防滑性能，但是，在冰雪道路上行驶，仍然要小心谨慎。因为，并不是所有的车在冬季都会安装防滑链，要当心那些没有安装防滑链的车与你的车相撞。

如果你只是打算在驱动轮上安装防滑链，对于轿车来讲，通常前轮是驱动轮；对于面包车来讲，通常后轮是驱动轮，如图7-33所示。

（a）轿车 　　　　　　　　　　　（b）面包车

图7-33　给驱动轮安装防滑链

不要认为安装了防滑链车辆就可以在冰雪道路上放心地行驶了。过高的车速有可能让防滑链甩脱，防滑链对轮胎和路面都有一定的伤害。因此，安装防滑链之后，车速不可超过30km/h，而且车速要平稳，制动要柔和。在没有冰雪覆盖的路面，可以暂时取下防滑链。

第 **8** 章

灵活应对意外突发情况

8.1 紧急避险的基本原则有哪些?

汽车在行驶中,道路上的各种交通情况在瞬间发生变化,行车中遇到紧急情况时,应当遵循一定的原则及时化解险情。

(1)沉着冷静　行车中遇到紧急情况时,驾驶人必须做到头脑清醒、沉着应对,这样才能判断准确,反应迅速,采取措施果断。如果遇事惊慌,必然会手足忙乱,甚至错把油门(加速踏板)当刹车(制动踏板),酿成不应有的惨剧。

(2)先避人后避物　车辆行驶中遇到险情时,驾驶人要把人身安全放在第一位,采取紧急避让措施时,首先要避开道路上的人员,宁可车辆和财物受损,也要保全人的生命安全。

(3)先减速后转向　在车速较快,可能与前方车辆发生碰撞时,驾驶人要先制动减速,后转向避让。先制动减速,可以减少碰撞的能量,还可以获取应急处置的时间。如果先采取转动转向盘的方法避让,处于高速行驶状态下的汽车很容易操纵失控,甚至出现翻车的危险后果。

8.2 汽车将要迎面相撞怎么办?

如图8-1所示,行车中与其他车辆有迎面撞击的可能时,要先向右侧稍转转向盘,随即适量回转,并迅速踩下制动踏板。注意,避开迎面相撞的要领是先转向,随后制动。

驾驶人在预计与正面来车相撞无法避免的瞬间,要迅速判断与来车可能撞击的力量与方位,同时用手臂支撑转向盘,两腿向前蹬直,身体尽量向后倾斜,这样可以避免在撞击的瞬间头部与挡风玻璃相撞,造成伤亡事故。

当驾驶人判断撞击力量较大,或者撞击部位接近驾驶人座位时,要让身体迅速离开转向盘,同时将两腿抬起,以避免相撞时因发动机和转向盘的后移而造成的挤压伤害。

向右转动
转向盘

回正方向，
制动减速

图8-1　白车避开迎面相撞

8.3　汽车将要侧面相撞怎么办?

当驾驶人预感到汽车将要发生侧面相撞的时候，要立即向着撞击的相反方向转动转向盘，尽量使侧面相撞变成剐蹭，以减小损伤的程度。如图8-2所示，白车本来是要直行穿过前方的十字交叉路口，到达路口时，突然

图8-2　白车躲过了两面夹击

发现左侧有深灰色的商务车，右侧有红色的轿车，形成了左右夹击的危险态势，白车的左右两侧相当于人的两肋，属于强度低容易受伤害的部位，为了避免或减轻伤害，白车在抢占路口中心点之后，迅速向左转动转向盘，由直行变为左转，将深灰色商务车的侧面撞击，变为侧面剐蹭；同时将红色轿车的侧面撞击，变为侧面剐蹭，或者是首尾相撞，这样的接触比垂直的侧面撞击损害程度会大大减小。假如红车驾驶人及时采取了制动措施，还有可能避免与红车的接触。

如图8-3所示，侧面相撞的部位恰好是驾驶人座位的方位时，驾驶人要迅速向右转动转向盘进行躲避。

图8-3　白车躲过了致命撞击

8.4　制动突然失灵怎么办？

汽车行驶中，下长坡连续长时间使用制动、制动踏板的推杆脱落或折断、液压制动的液压油严重泄漏、气压制动的气压管道松脱断裂或者管道内的积水在冬季结冰造成管道堵塞，都有可能导致制动突然失灵。

假如在车辆行驶中遇到制动突然失灵的情况，要立即开启危险报警闪光灯，握紧转向盘，利用"抢挡"或驻车制动进行减速，以便尽快停车。如图8-4所示，遇到下坡路段制动突然失灵的危急情况，实在是迫不得已时，可用前保险杠侧面撞击山坡、岩石、大树等障碍物，迫使车辆强制停车。

图8-4　利用路障强制停车

8.5　转向突然失控怎么办?

液压动力转向系统、电控动力转向系统的助力装置工作失调或失效时，有可能造成汽车转向突然不灵。当转向系统的传动机构松脱或折断，例如转向轴、万向节、摇臂、拉杆、球头销等部位的松脱、折断，会立即导致转向失控。

在汽车行驶中，当出现转向盘不能准确控制汽车的行驶方向，或者完全失去对汽车行驶方向的控制时，应迅速开启危险报警闪光灯，同时放松加速踏板，踩下制动踏板，尽快靠向道路右侧停车。

驾驶人发现转向突然不灵，但是还可以实现转向时，要低速将车开到附近修理厂修复后再行驶。

转向突然失控之后，如果车辆和前方道路情况允许保持直线行驶，则不可使用紧急制动。尤其是高速行驶的车辆，在转向失控的情况下使用紧急制动，很容易造成翻车。

转向失控之后，如果车辆偏离直线行驶方向，应果断地连续踩踏、放松制动踏板，使车辆尽快减速停车。

8.6　前轮爆胎怎么办？

在车辆行驶的过程中，假如前轮突然爆胎，车辆会立刻向爆胎车轮一侧跑偏，直接影响驾驶人对转向盘的控制。

行车中因前轮爆胎使汽车偏离行驶方向的时候，驾驶人要双手紧握转向盘，尽力控制车辆直线行驶。由于前轮胎爆裂已经出现转向跑偏时，驾驶人不要过度矫正，要在控制住方向的情况下，轻踩制动踏板，让车辆缓慢减速。若过度矫正，将加剧汽车跑偏，瞬间产生强大的离心力，从而导致汽车侧翻。

在前轮突然爆胎的情况下，假如使用制动过猛，很可能会导致两个不良后果。一是在紧急制动的时候，汽车栽头（车头下沉），进一步导致前轮负荷增大，有可能引发另一侧前轮的爆胎。二是紧急制动会加剧行驶跑偏。如图8-5（a）所示，假设右前轮爆胎，则右前轮的滚动阻力会增大，造成右前轮向右偏转，并通过转向传动机构带动左前轮同时向右偏转，车头将向右偏离行驶方向。如图8-5（b）所示，当踩下制动踏板的时候，爆裂的右前轮胎会在车轮（轮盘）上滑转，因而产生的制动力比较小，由于制动力左右不均，结果引起汽车在瞬间向左跑偏。

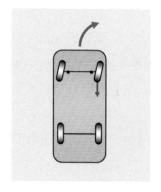
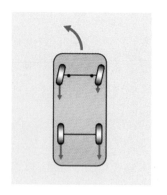

（a）爆胎后的右前轮滚动阻力增大，
使前轮向右偏转

（b）踩下制动后右前轮产生的
制动力最小，使整车向左跑偏

图8-5　前轮爆胎与跑偏

由于制动作用和轮胎爆裂导致行驶跑偏的方向相反，因此，轻踩制动踏板可以在一定程度上起到缓解车辆行驶跑偏的作用，如图8-6（a）所示。但是，如果制动强度过大，则会过度矫正，导致汽车向另一侧跑偏，如图8-6（b）所示。

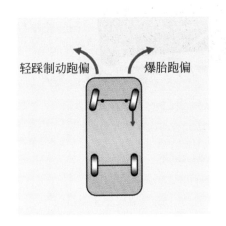

（a）轻踩制动可起到适度矫正的作用，　　　　（b）重踩制动则会过度矫正，
　　　以缓解行驶跑偏　　　　　　　　　　　　造成汽车向左跑偏

图8-6　前轮爆胎时踩制动对跑偏的影响

8.7　后轮爆胎怎么办？

后轮爆胎与前轮爆胎产生的后果有所不同。前轮爆胎直接导致车轮偏转，瞬间造成车辆行驶跑偏，而且需要较大的操纵力才能矫正这种跑偏。由于后轮不是转向轮，后轮爆胎的时候不至于直接使前轮偏转。但是，当后轮爆胎的时候，车身后部支撑不稳，车尾会摇摆不定，造成行驶摆头，也会间接导致汽车的行驶跑偏。

如图8-7所示，假设汽车右后轮爆胎，此时右后轮的滚动阻力将增大，导致汽车具有向右跑偏的趋势。假如此时再迅速向左猛打方向，必然会产生强大的向右的离心力；因为右后轮爆胎，本来车身就已经向右倾斜，再加上离心力的作用，很容易造成车身向右倾覆。

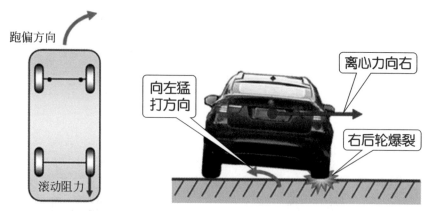

（a）右后轮爆胎使其滚动阻力增大，　　　（b）右后轮爆胎车身右倾，
　　　车辆具有向右跑偏的趋势　　　　　　　向左猛打方向产生向右的离心力

图8-7　后轮爆胎与跑偏

正确的做法：当汽车后轮爆胎的时候，驾驶人要双手紧握转向盘，控制车辆保持直线行驶，然后减速停车。

在减速的过程中，可以间断地轻踩制动踏板，一方面可以缩短停车时间，另一方面利用制动的裁头作用，使后轮负荷减轻，以缓解后轮爆胎的不良后果。

8.8　如何预防轮胎爆裂？

（1）养成良好的驾驶习惯

❶ 起步不要过猛。尤其是轿车，起步过猛时，驱动轮会相对于地面滑转，加速轮胎的磨损。

❷ 尽量避免紧急制动。紧急制动不仅会加剧轮胎的磨损，而且容易引起轮胎脱胶和爆裂。

❸ 合理控制车速。车速越快，汽车行驶时轮胎受到的冲击力越大，轮胎的使用寿命越短。

❹ 控制轮胎温度。在高温气候或者汽车长时间连续行驶时，要注意检查轮胎的温度。当发现轮胎温度过高时，应该暂时停车休息，待轮胎自然

降温后，再继续行驶。

（2）不要让轮胎超载　轮胎超载的原因很多，首先是装载质量超过规定的标准；其次是装载质量分配不均，如偏左、偏右或偏前、偏后；当后轮为并装双轮胎时，其中一个轮胎磨损过甚或充气压力过低，也会造成另一个轮胎过载。

（3）注意轮胎的日常维护

❶ 经常注意轮胎气压，轮胎气压降低时，要及时充气，充气压力不可过高。

❷ 检查轮胎花纹的沟槽中是否嵌入石子、铁钉、玻璃碎片等异物，及时清除这些异物，可以减少轮胎的机械损伤。

（4）注意轮胎的老化及磨损程度　由于轮胎对应的实际承载量、道路平整度、行驶速度、使用制动的次数、轮胎制造质量等因素对每一辆汽车来说都是不同的，所以，仅仅用行驶里程或者使用年限确定轮胎的使用寿命是不科学的。

从轮胎的老化程度来讲，露天存放的汽车轮胎老化得更快一些。有些车辆，可能一年下来行驶里程非常有限，数年过去了，轮胎花纹还很少磨损。对于这种情况，应该注意轮胎是否老化，观察轮胎表面的橡胶是否有裂纹。如果轮胎表面的橡胶有大量明显的裂纹，表明轮胎已经老化，最好是更换新轮胎。

关于轮胎的磨损程度，如图8-8所示，根据我国技术标准的规定，轿车用的子午线轮胎花纹磨损极限为1.6mm，货车、客车用的子午线轮胎花纹磨损极限为2.0mm。当轮胎花纹达到磨损极限时，轮胎的抗滑能力下降，而且轮胎容易爆裂，应该更换新轮胎。

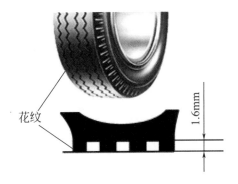

图8-8　轿车轮胎磨损极限

8.9　车灯突然熄灭怎么办？

夜间行车如果车灯突然熄灭，要迅速松开加速踏板，踩下制动踏板，让汽车减速。但是要注意，如果后面有尾随的车辆，不可制动过猛，以免发生追尾事故。如果后面没有尾随车辆，要控制好行车方向，防止汽车跑偏下路，同时应加大制动强度，使汽车尽快停车。

8.10　发动机突然熄火怎么办？

发动机突然熄火，将中断真空源或高压气源的供给，汽车还能暂时维持有限的几次制动效能，要利用这有限的几次制动效能停车。切忌因下坡滑行频繁使用制动而导致制动失灵。

汽车行驶中，由于发动机燃料系统发生故障或燃油供给中断，或者发动机点火系统发生故障等原因，会使发动机突然熄火，遇到此情况不必惊慌。行车中发动机突然熄火后，要开启右转向灯，将车缓慢行驶到路边停车检查，排除故障后继续行驶。

8.11　遇到突发地震如何应对？

在强烈的地震到来的时候，通信中断，道路受阻，行驶中的车辆驾驶人应该如何处置呢？

（1）迅速离开桥涵　假如地震到来的时候车辆还在桥梁上、隧道中、堤坝上行驶，或者是在高层楼群之间行驶，应该加速通过这些地带。

（2）寻找空旷的地方停车　地震到来的时候，不要将车开往地下停车场，应该将车开到开阔的场地。一时找不到宽阔的场地，可以将车开到路边停放。停车地点要避开高楼、电线杆、大型广告牌等高大的建筑物。

（3）不要滞留在车内　停车后不要躲在车内，要赶紧下车，往没有高大建筑物的地方、人群集中的地方奔跑，人群集中的地方往往也是震后救援集中的地方。

如图8-9所示，假如下车后强震已经开始，来不及寻找合适的地方避险，可以在两车之间的位置蹲下或者就势卧倒，利用两车之间的空隙做掩体，可以防止上方坠落物对人体的伤害。

图8-9　利用车身做掩体

8.12　车轮悬空怎么办?

如图8-10所示，在视线不良或者狭窄的道路上行驶，由于会车、超车、倒车、躲避障碍等原因，使汽车驶出路肩造成车轮悬空，随时都有可能坠落或翻车。此时，驾驶人一定要保持头脑冷静，不要轻易改变自己在车内的位置，要分析车体的平衡状态，设法让车辆保持平衡，然后再谨慎处理险情。

图8-10　汽车驶出路肩造成车轮悬空

驾驶人和车内的乘员应该缓慢向车身悬空或者车轮悬空相反的一侧移动，防止因为车内人员的走动或者下车使车辆失去平衡。

在车轮悬空的时候，车体会倾斜，油箱内的燃油可能会外溢，此时一定要注意防火，不要在现场吸烟。

当驾驶人感到车辆不可避免地要倾覆的时候，要紧紧抓住转向盘，两脚钩住踏板，使身体与车体固定为一体，让人体随车体翻转，以避免人体在车内的二次碰撞。车内乘客要迅速趴到座椅上，抓住车内的固定物，使身体夹在座椅中，避免身体在车内滚动而受伤。

翻车的时候，不要顺着翻车的方向跳出车外，而应该向车辆翻转的相反方向跳跃。落地的时候，双手应该抱头顺势向惯性的方向滚动或者跑开一段距离，以避免遭受二次损伤。假如在车内有不可避免地要被抛出车外的感觉，要做好思想准备，在被抛出的瞬间，猛蹬双腿，增加向外抛出的力量，借势跳出车外。

8.13　车辆落水怎么办？

在汽车不幸坠入水中的时候，驾驶人要保持头脑清醒，根据实际情况谋求逃生的对策。

汽车落水之后，水浸入车内需要一定的时间，整个车身不会立刻沉入水底，如果是轿车，往往车头比较重，因此，总是车头先向下沉。

在汽车刚刚落水的时候，要抓紧时间，尽快逃生。如图8-11所示，在汽车车身下沉，车内水位低于车门的1/3时，车门内外水的压力差不大，汽车电路还没有失效，此时要迅速打开电子中控门锁和车窗玻璃，推开车门，解开安全带，逃出车外。

图8-11　车内水位不足车门的1/3

假如错过了最佳逃生机会，随着时间的推移，汽车逐渐下沉，如图8-12所示，当车内水位在车门的1/3 ~ 2/3之间时，车门内外的压力差逐渐增大，推开车门所需要的力量也越来越大。假如实在推不开车门，要迅速解开安全带，从车窗逃出。

图8-12　车内水位在车门的1/3 ~ 2/3

如图8-13所示，当车内水位超过车门的2/3时，车门内外存在强大的压力差，仅仅凭人力已经无法推开车门，只能从车窗逃出车外。假如车窗玻璃事先没有降下，可以设法砸碎车窗玻璃，击打的部位应该是玻璃的四角和边缘。

图8-13　车内水位达到车门的2/3以上

为了防止万一，平时可以在驾驶室内放置一把手锤或钳子等金属器具，以便在汽车落水的时候砸碎车窗玻璃。也可以使用腰间的皮带来砸碎车窗玻璃，有些皮带的金属锁扣比较重，在汽车落水的危急时刻，抽出腰间的皮带，用一只手抓住腰带的另一端，奋力将腰带锁扣甩向车窗玻璃，连续击打，也能砸碎车窗玻璃，如图8-14所示。

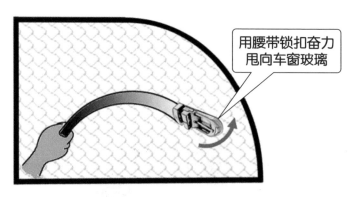

用腰带锁扣奋力
甩向车窗玻璃

图8-14　用腰带的金属锁扣击碎车窗玻璃

　　假如没有合适的器具击打车窗玻璃，或者无法砸碎车窗玻璃，在之后的时间内，车内的水位还会继续上升，随着汽车下沉，车内外水位差逐渐减小，压力差也随之减小。此时，车厢内的氧气可供驾驶人和乘客维持几分钟的呼吸，要首先让头部保持在水面之上，然后用力推开车门，同时深吸一口气，及时浮出水面。

　　由于车头重于车尾，当汽车的前排座椅被水淹没时，后排座椅处的水位还比较浅，前排座椅的人员要迅速向后排座椅转移，用力推开后排座椅处的车门，或者砸碎后排座椅处的车窗玻璃逃出车外。

　　当车内水位已经漫过胸部之后，不可惊慌，以免在慌乱之中呛水。可以深吸一口气，用尽全力推开车门逃生。

　　假如你驾驶的是两厢式的轿车，能够设法从车内打开后备厢门，也是一种寻求生路的方法。

8.14　遇到路面凸起物怎么办？

　　在车辆高速行驶中，当车轮遇到石块、砖头、木块、铁器、玻璃等硬质物体，会导致爆胎或者转向瞬间失控。路面上的这些硬质物体还可能因轮胎的碾轧飞起，伤及其他过往的车辆和行人。所以，行车中一定要注意观察路面，遇到这些异物时不要碾轧，以免付出不必要的代价。

8.15 遇到路面积水及油脂怎么办?

大雨过后,在低洼路面或许还有一些小面积的积水;即便是久旱无雨,由于供水管道的破裂、地下排水不畅等原因,路面上突然出现积水也是有可能的。

如果驾驶人对这种面积不大的积水缺少安全防范意识,就会造成严重的后果。

假如车辆正在高速行驶、紧急制动、转弯的状态下,遇到路面积水,发生转向和制动失控的可能性就更大。

路面上的油脂类的东西,有些是车辆运输的油脂类货物洒落到了路面上;有些是车辆发生碰撞事故时泄漏的润滑油,或是车辆行驶中机油滤清器等部位损坏喷洒的机油;有些是故障车辆在修理时污染了路面,车主事后又没清除。

车辆行驶中遇到路面上的油脂,就犹如滑冰一般,很容易使车辆失控而酿成大祸。

在晴朗的天气白天行车时,遇到路面积水及油脂,要降低车速通过;夜间行车时,要注意路面颜色的反差,在车灯照射下,当发现路面颜色发生变化时,要警惕路面上是否附着有积水或油脂。

8.16 扑救汽车火灾要注意什么?

❶ 当汽车发生火灾时,首先要注意人身安全,包括车内人员和车外人员的人身安全。

❷ 灭火时要注意切断汽车电路,防止出现新的火源。

❸ 要注意对燃油箱的监测和防护,防止燃油泄漏和燃油箱爆炸。

❹ 汽油引起的火灾,不可用扑打和浇水的方法灭火,只能用灭火器或者沙土、衣物等覆盖的方法来灭火。

❺ 在灭火现场,不要张嘴呼吸或高声呐喊,以免烟雾损伤上呼吸道。如果身上的衣服着火,应该就地翻滚压灭除火焰,不要采用扑打的方法灭火。

❻ 灭火时，要脱去化纤面料的衣物，以免烧伤皮肤。

❼ 使用灭火器灭火时，人要站在上风处，以便于借助风势将灭火器泡沫喷向火源。如图8-15所示，灭火器要瞄向火源而不是火苗。

（a）错误　　　　　　　　　　（b）正确

图8-15　灭火器要瞄向火源而不是火苗

8.17　车辆碰撞突发火灾怎么办？

车辆倾覆、碰撞后发生的火灾，一般是由油箱中的燃油泄漏造成的，火源在汽车外部。

首先要让车内人员迅速离开驾驶室或车厢，如果车门变形不能打开，应砸碎车窗玻璃逃生，然后再设法灭火。

8.18　发动机舱突然着火怎么办？

发现发动机舱着火时，驾驶人要立即关闭点火开关，车上配置有电源总开关的还应同时断开电源总开关，切断电源可防止因短路形成新的火源。

在掀开发动机舱盖（又称引擎盖）之前，要事先准备好灭火器，因为打开发动机舱盖之后，空气流通，火势会更猛。

在掀开发动机舱盖时，身体不要距车身太近，以免火苗突然蹿出烧伤皮肤和面部。

掀开发动机舱盖之后，要尽快用灭火器灭除火焰。

8.19 客车车厢内着火怎么办？

客车车厢内着火，驾驶人要立刻停车，打开车门，让乘客尽快下车；如果来不及从车门下车，可砸碎车窗玻璃从车窗跳出。

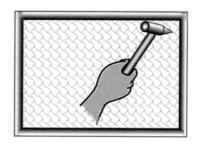

如图8-16所示，大型客车内一般配备有救生锤，救生锤的端部为圆锥状的尖端，当用锤砸玻璃时，尖端能对玻璃产生较大的压强。

汽车的车窗通常为钢化玻璃，当玻璃受到敲击时会产生许多蜘蛛网状裂纹，此时只要再用锤子轻轻地敲击几下就能将玻璃碎片清除掉。

图8-16 用救生锤击打车窗玻璃

8.20 车载货物着火怎么办？

当车载货物着火时，要将车驶离商业区、居民区等人群和建筑物集中的地带，把车停在有水源或空旷的地方，然后设法灭火。

8.21 遇到碰瓷行骗怎么办？

有预谋地在道路上制造或伪造交通事故，然后向对方谋取钱财，这种情况被人们称为"碰瓷"。

（1）碰瓷的伎俩

❶ 利用车来碰瓷。作案团伙将报废的名牌高档轿车翻新之后充当作案工具，采用紧急制动、急打方向等方法，故意制造车辆追尾或剐蹭事故，然后向驾驶人索要大笔赔偿。

❷ 利用人来碰瓷。作案人采用苦肉计，在汽车行经非机动车道、人行横道、交叉路口且车速比较低时，突然冲到汽车的前方被撞伤，借机向驾驶人敲诈钱财。

（2）应对碰瓷的策略　碰瓷的人以敲诈钱财为目的，碰瓷之后希望尽快获利了结。因此，如果你认为眼前的交通事故明显是对方有意制造的碰瓷闹剧，那就应该沉住气，按照正规程序来解决碰撞事故。

❶ 要注意保护交通事故现场，在下车之前就应该向交警部门报案，如果交通事故的损失较大，还应该同时通知保险公司出现场，以便由保险公司理赔。

❷ 在交警到达事故现场之前，不要过多地单独与对方交涉，更不要与对方争吵，要耐心地等待交警的到来。

❸ 如果确实是自己不慎开车撞倒了行人、骑车人，出于人道，要诚恳地给对方检查治疗。但是，事故的处理还是要经过交警部门和保险公司。

❹ 可以考虑在车上加装行车记录仪，行车记录仪是专门为汽车设置的一种摄像机，它可以通过视频的方式记录车外的情况，为汽车盗抢、碰瓷案件提供有力的证据，有利于处理交通事故、汽车保险理赔等问题。

8.22　行驶途中遇到盗抢怎么办？

驾驶车辆在外地行驶，特别是女士单独驾车外出，要提防车辆和财物被盗抢。偏僻的路段、交通拥堵车辆行驶速度较低的路段，往往是犯罪分子盗抢机动车案件的多发路段，驾驶人要倍加小心。

（1）应对敲车门行盗　在驾驶车辆缓慢行驶中，作案人利用拍打车辆门窗的方法，引诱驾驶人下车，其同伙趁机盗取车内的财物。盗窃团伙的作案目标往往是悬挂外地号牌的汽车。作案团伙分工明确，有转移驾驶人注意力的，有专门实施盗窃的，有负责赃物传送转移的。

在车辆低速行驶或者时走时停的情况下，假如有陌生人拍打车门或示意你的汽车发生故障时，不要急着下车查看，以免上当受骗。驾驶人要先观察周围情况，将车开出一段距离之后，再谨慎下车查看，如果没有发现车辆的异常情况，要赶快驶离。

（2）应对拉车门行盗　当驾驶人独自驾驶车辆，在车速缓慢、等红灯、找车位停车的时候，突然有人拉开驾驶人所在的左侧车门，将驾驶人的视线引向左方，此时另外一个人迅速拉开汽车右侧的车门，盗取驾驶室内的财物。

为了防止这种案件的发生，平时要养成进入驾驶室后立即锁闭车门的习惯，通风时不要将车窗玻璃完全降下。随身携带的手提包要放置在车内隐蔽的地方，如果放在副驾驶座椅上，要锁好车门，关闭车窗。

（3）歹徒侵入车内时的脱险　劫匪通常是借故侵入车内，然后强迫车主将车开到偏僻的地点实施抢劫。面对劫匪的胁迫，车主要沉着机智，设法脱险。

如果是在市区道路，车主可在有交警执勤的路段故意违章，或者故意与其他车辆发生剐蹭、追尾事故，以便能取得交警和过往车辆的救援。如果是在偏僻路段，或者是在深夜遇到车内劫匪胁迫，可选择路边店铺旁的树木、建筑物撞去，撞击部位要能使劫匪受到重伤。在不得已采取这些方法自救时，不要殃及其他无辜的人员。

第**9**章

严防交通安全违法及交通事故

9.1　什么是交通安全违法行为？

道路交通安全违法，是指公民、法人及其他组织违反道路交通安全法律、法规，妨碍或者有可能妨碍交通秩序、交通安全和畅通，依法应当受到行政处罚的行为。

"妨碍"指直接导致交通秩序混乱，影响交通安全和畅通的行为。"有可能妨碍"指这种行为在一定条件下会导致交通秩序混乱，影响交通安全和畅通。

有时人们也把交通安全违法称为交通违章，这二者有什么区别呢？这还要从我国道路交通管理的法制建设讲起。1955年10月公安部发布了《城市交通规则》，1960年2月交通部发布了《机动车管理办法》，1960年8月交通部发布了《公路交通规则》。在立法层面上，这些都属于行政规章，因此，人们从事交通活动，违反这些行政规章的行为被称为交通违章。1988年3月国务院发布了《中华人民共和国道路交通管理条例》，国务院发布的规范性文件属于行政法规，《中华人民共和国道路交通管理条例》的发布标志着我国交通管理法制建设由行政规章上升至行政法规，由于交通违章已经成为人们多年来约定俗成的叫法，所以交通违章的叫法仍在沿用。

2003年10月全国人大常委会审议通过了《中华人民共和国道路交通安全法》，该法自2004年5月起施行，从立法层面上讲，全国人大常委会颁布的规范性文件属于国家法律，也就是说，以后人们违反交通安全法律、法规的行为，就属于交通安全违法行为了。

基于以上历史原因，对于违反交通安全法律、法规和规章的行为，人们的叫法不同，有时称为交通安全违法行为，有时称为交通违章行为。按说违反交通管理行政规章的行为应该称为交通违章，违反交通管理行政法规的行为应该称为交通违规，违反交通管理法律的行为应该称为交通安全违法，然而，事实上人们并没有对此做出严格的划分。

9.2　交通安全违法处罚有哪些？

根据《道路交通安全法》第八十八条的规定，道路交通安全违法行为处罚的种类包括警告、罚款、暂扣或者吊销机动车驾驶证、拘留。

9.3　适用警告的情形有哪些？

《道路交通安全法》规定的警告，是指公安机关交通管理部门及其交通警察对有交通安全违法行为的公民、法人或其他组织提出告诫，促使当事人认识违法行为的过错所在和予以纠正的一种行政处罚。

警告一般适用于情节轻微，后果不严重的交通安全违法行为。《道路交通安全法》第八十九条、九十条、九十三条及九十五条规定了适用警告的情形。

9.4　罚款划分为哪几个档次？

《道路交通安全法》中设定的20条对道路交通安全违法行为处罚条款中，有16条适用罚款处罚。罚款处罚的数额分为5元以上50元以下、20元以上200元以下、500元、200元以上2000元以下、500元以上2000元以下、1000元以上2000元以下、1000元以上3000元以下、2000元以上5000元以下等档次。

9.5　适用暂扣驾驶证的情形有哪些？

暂扣机动车驾驶证是指公安机关交通管理部门因机动车驾驶人的交通安全违法行为而暂停其驾驶资格的处罚措施。驾驶人在被暂扣驾驶证期间，不准驾驶车辆，否则按无证驾驶进行处罚。暂扣机动车驾驶证可以单独适用，也可以和其他处罚合并适用。

《道路交通安全法》中规定的适用暂扣机动车驾驶证的情形为：暂扣机

动车驾驶证6个月的处罚，适用饮酒后驾驶机动车的。

9.6　适用吊销驾驶证的情形有哪些？

吊销机动车驾驶证是指公安机关交通管理部门对违反道路交通安全法律、法规的机动车驾驶人适时取消其驾驶资格的处罚手段。

《道路交通安全法》中规定的适用吊销机动车驾驶证的情形有：

❶ 饮酒后驾驶机动车被处罚两次以上的；

❷ 醉酒驾驶机动车的；

❸ 饮酒后驾驶营运机动车的；

❹ 机动车行驶超过规定车速百分之五十的；

❺ 驾驶拼装的机动车或者已达到报废标准的机动车上道路行驶的；

❻ 违反道路交通安全法律、法规的规定，发生重大交通事故，构成犯罪的，依法追究刑事责任，并由公安机关交通管理部门吊销机动车驾驶证；

❼ 造成交通事故后逃逸的，由公安机关交通管理部门吊销机动车驾驶证，且终生不得重新取得机动车驾驶证。

9.7　适用拘留的情形有哪些？

拘留是指公安机关对违反道路交通管理、扰乱社会治安秩序和公共安全等的违法行为人实施短期内限制其人身自由的一种行政处罚。

《道路交通安全法》中规定的适用十五日以下拘留的情形有：

❶ 饮酒后驾驶机动车被处罚两次以上的；

❷ 伪造、变造或者使用伪造、变造的机动车登记证书、号牌、行驶证、驾驶证、检验合格标志、保险标志的；

❸ 未取得机动车驾驶证、机动车驾驶证被吊销或者被暂扣期间驾驶机动车的；

❹ 造成交通事故后逃逸，尚不构成犯罪的；

❺ 强迫机动车驾驶人违反道路交通安全法律、法规和机动车安全驾驶

要求驾驶机动车，造成交通事故，尚不构成犯罪的；

❻ 违反交通管制的规定强行通行，不听劝阻的；

❼ 故意损毁、移动、涂改交通设施，造成危害后果，尚不构成犯罪的；

❽ 非法拦截、扣留机动车辆，不听劝阻，造成交通严重阻塞或者较大财产损失的。

9.8　一人数种交通安全违法行为如何裁定？

《道路交通安全违法行为处理程序规定》第五十条第一款规定，一人有两种以上违法行为，分别裁决，合并执行，可以制作一份行政处罚决定书。所谓"分别裁决、合并执行"，就是对一人有两种以上的道路交通安全违法行为分别依法裁量，决定处罚的种类和幅度，然后将所决定的处罚合并执行。例如，李某饮酒后驾驶超载的客运汽车闯红灯，根据《道路交通安全法》的规定，应当对李某饮酒后驾驶机动车处2000元罚款，并处暂扣机动车驾驶证6个月，记12分；驾驶超载的机动车处200元罚款，记6分；闯交通信号灯处200元罚款，记6分。这三项交通安全违法行为分别裁决后合并执行，即李某应缴纳罚款2400元，并处暂扣机动车驾驶证6个月，记24分。

9.9　交通安全违法信息可以消除吗？

《道路交通安全违法行为处理程序规定》第二十二条规定，交通技术监控设备记录或者录入道路交通违法信息管理系统的违法行为信息，有下列情形之一并经核实的，违法行为发生地或者机动车登记地公安机关交通管理部门应当自核实之日起三日内予以消除：

❶ 警车、消防救援车辆、救护车、工程救险车执行紧急任务期间交通技术监控设备记录的违法行为；

❷ 机动车所有人或者管理人提供报案记录证明机动车被盗抢期间、机动车号牌被他人冒用期间交通技术监控设备记录的违法行为；

❸ 违法行为人或者机动车所有人、管理人提供证据证明机动车因救助危难或者紧急避险造成的违法行为；

❹ 已经在现场被交通警察处理的交通技术监控设备记录的违法行为；

❺ 因交通信号指示不一致造成的违法行为；

❻ 作为处理依据的交通技术监控设备收集的违法行为记录资料，不能清晰、准确地反映机动车类型、号牌、外观等特征以及违法时间、地点、事实的；

❼ 经比对交通技术监控设备记录的违法行为照片、道路交通违法信息管理系统登记的机动车信息，确认记录的机动车号牌信息是错误的；

❽ 其他应当消除的情形。

9.10 轻微交通安全违法行为如何处罚？

轻微交通安全违法是指对《道路交通安全法》规定可以给予警告、无记分的违法行为，未造成影响道路通行和安全的后果，且违法行为人已经消除违法状态的交通安全违法行为。

为了确保道路交通畅通，交通警察对于轻微交通安全违法行为采取快速处理的方法，口头告知其违法行为的基本事实、依据，纠正违法行为并予以口头警告后放行。

轻微交通安全违法不予处罚的具体适用情形，各地有所不同，主要包括以下几种情形：

❶ 驾驶证丢失、损毁期间驾驶机动车，但能提供有效身份证件并经查证具有合法有效驾驶资格的；

❷ 驾驶机动车未随身携带机动车驾驶证或行驶证，经指出后及时提交的；

❸ 实习期驾驶人驾驶机动车未按规定粘贴实习标志，经教育后能当场纠正的；

❹ 在机动车驾驶室前后窗范围内悬挂、放置妨碍驾驶人视线的物品，经指出改正的；

❺ 外地机动车不熟悉路况，驶入禁行区域，经指出后及时改正的；

❻ 白天运载超限物品时未悬挂明显标志，经教育能立即纠正的；

❼ 市区道路遇到交通堵塞车辆停止或缓慢行驶时驾驶人和乘车人未系安全带，经指出改正的；

❽ 车门、后备厢没有关好时行车，经教育后能当场纠正的；

❾ 搭载危重、急症病人到医院就诊的车辆，发生一般交通安全违法行为，不危及交通安全的；

❿ 执行抢险救灾、紧急救护或其他紧急任务的车辆发生一般交通安全违法行为，不危及交通安全的；

⓫ 驾驶机动车在禁鸣区域应急处置时鸣喇叭的；

⓬ 通过路口遇到停止信号时，停在停止线内，但前轮未越停止线或驾驶人主动停车未进入人行横道线的；

⓭ 驾驶机动车违反规定临时停车，不妨碍其他车辆、行人通行，经指出后立即改正的；

⓮ 遇到前方机动车停车排队或缓慢行驶时，在人行横道、网状线区域内停车等候，未影响行人或其他车辆通行的。

9.11 什么是驾驶人累积记分？

驾驶人累积记分，是指公安机关交通管理部门对机动车驾驶人违反道路交通安全法律、法规的行为，除依法给予行政处罚外，对累积记分达到规定分值的机动车驾驶人，扣留机动车驾驶证，对其进行道路交通安全法律、法规教育，重新考试，考试合格的，发还其机动车驾驶证，记分重新计算的管理制度。

机动车驾驶人交通安全违法行为累积记分制度，是预防和减少机动车驾驶人道路交通安全违法行为发生的一种有效教育措施。从性质上看，不属于行政处罚，是一种教育措施。

对机动车驾驶人的道路交通安全违法行为，处罚与记分同时执行。机动车驾驶人一次有两个以上违法行为记分的，应当分别计算，累加分值。

道路交通安全违法行为累积记分周期（即记分周期）为12个月，满分为12分，从机动车驾驶证初次领取之日起计算。

依据道路交通安全违法行为的严重程度，一次记分的分值分为12分、9分、6分、3分、1分5个档次，包括50种情形。

9.12　一次记12分适用哪些情形?

适用机动车驾驶人交通安全违法行为一次记12分的情形包括7种，见表9-1。

表9-1　一次交通安全违法行为记12分的情形

序号	分值	交通安全违法行为
1	12	饮酒后驾驶机动车的
2	12	造成致人轻伤以上或者死亡的交通事故后逃逸，尚不构成犯罪的
3	12	使用伪造、变造的机动车号牌、行驶证、驾驶证、校车标牌或者使用其他机动车号牌、行驶证的
4	12	驾驶校车、公路客运汽车、旅游客运汽车载人超过核定人数百分之二十，或者驾驶其他载客汽车载人超过核定人数百分之百的
5	12	驾驶校车、中型以上载客载货汽车、危险物品运输车辆在高速公路、城市快速路上行驶超过规定车速百分之二十，或者驾驶其他机动车在高速公路、城市快速路上行驶超过规定车速百分之五十的
6	12	驾驶机动车在高速公路、城市快速路上倒车、逆行、穿越中央分隔带掉头的
7	12	代替实际机动车驾驶人接受交通违法行为处罚和记分牟取经济利益的

9.13　一次记9分适用哪些情形?

适用机动车驾驶人交通安全违法行为一次记9分的情形包括7种，见表9-2。

表9-2 一次交通安全违法行为记9分的情形

序号	分值	交通安全违法行为
1	9	驾驶7座以上载客汽车载人超过核定人数百分之五十未达到百分之百的
2	9	驾驶校车、中型以上载客载货汽车、危险物品运输车辆在高速公路、城市快速路以外的道路上行驶超过规定车速百分之五十的
3	9	驾驶机动车在高速公路或者城市快速路上违法停车的
4	9	驾驶未悬挂机动车号牌或者故意遮挡、污损机动车号牌的机动车上道路行驶的
5	9	驾驶与准驾车型不符的机动车的
6	9	未取得校车驾驶资格驾驶校车的
7	9	连续驾驶中型以上载客汽车、危险物品运输车辆超过4h未停车休息或者停车休息时间少于20min的

9.14 一次记6分适用哪些情形?

适用机动车驾驶人交通安全违法行为一次记6分的情形包括11种,见表9-3。

表9-3 一次交通安全违法行为记6分的情形

序号	分值	交通安全违法行为
1	6	驾驶校车、公路客运汽车、旅游客运汽车载人超过核定人数未达到百分之二十,或者驾驶7座以上载客汽车载人超过核定人数百分之二十未达到百分之五十,或者驾驶其他载客汽车载人超过核定人数百分之五十未达到百分之百的
2	6	驾驶校车、中型以上载客载货汽车、危险物品运输车辆在高速公路、城市快速路上行驶超过规定车速未达到百分之二十,或者在高速公路、城市快速路以外的道路上行驶超过规定车速百分之二十未达到百分之五十的
3	6	驾驶校车、中型以上载客载货汽车、危险物品运输车辆以外的机动车在高速公路、城市快速路上行驶超过规定车速百分之二十未达到百分之五十,或者在高速公路、城市快速路以外的道路上行驶超过规定车速百分之五十的

序号	分值	交通安全违法行为
4	6	驾驶载货汽车载物超过最大允许总质量百分之五十的
5	6	驾驶机动车载运爆炸物品、易燃易爆化学物品以及剧毒、放射性等危险物品，未按指定的时间、路线、速度行驶或者未悬挂警示标志并采取必要的安全措施的
6	6	驾驶机动车运载超限的不可解体的物品，未按指定的时间、路线、速度行驶或者未悬挂警示标志的
7	6	驾驶机动车运输危险化学品，未经批准进入危险化学品运输车辆限制通行的区域的
8	6	驾驶机动车不按交通信号灯指示通行的
9	6	机动车驾驶证被暂扣或者扣留期间驾驶机动车的
10	6	造成致人轻微伤或者财产损失的交通事故后逃逸，尚不构成犯罪的
11	6	驾驶机动车在高速公路或者城市快速路上违法占用应急车道行驶的

9.15 一次记3分适用哪些情形？

适用机动车驾驶人交通安全违法行为一次记3分的情形包括15种，见表9-4。

表9-4 一次交通安全违法行为记3分的情形

序号	分值	交通安全违法行为
1	3	驾驶校车、公路客运汽车、旅游客运汽车、7座以上载客汽车以外的其他载客汽车载人超过核定人数百分之二十未达到百分之五十的
2	3	驾驶校车、中型以上载客载货汽车、危险物品运输车辆以外的机动车在高速公路、城市快速路以外的道路上行驶超过规定车速百分之二十未达到百分之五十的
3	3	驾驶机动车在高速公路或者城市快速路上不按规定车道行驶的
4	3	驾驶机动车不按规定超车、让行，或者在高速公路、城市快速路以外的道路上逆行的

续表

序号	分值	交通安全违法行为
5	3	驾驶机动车遇到前方机动车停车排队或者缓慢行驶时，借道超车或者占用对面车道、穿插等候车辆的
6	3	驾驶机动车有拨打、接听手持电话等妨碍安全驾驶的行为的
7	3	驾驶机动车行经人行横道不按规定减速、停车、避让行人的
8	3	驾驶机动车不按规定避让校车的
9	3	驾驶载货汽车载物超过最大允许总质量百分之三十未达到百分之五十的，或者违反规定载客的
10	3	驾驶不按规定安装机动车号牌的机动车上道路行驶的
11	3	在道路上车辆发生故障、事故停车后，不按规定使用灯光或者设置警告标志的
12	3	驾驶未按规定定期进行安全技术检验的公路客运汽车、旅游客运汽车、危险物品运输车辆上道路行驶的
13	3	驾驶校车上道路行驶前，未对校车车况是否符合安全技术要求进行检查，或者驾驶存在安全隐患的校车上道路行驶的
14	3	连续驾驶载货汽车超过4h未停车休息或者停车休息时间少于20min的
15	3	驾驶机动车在高速公路上行驶低于规定最低车速的

9.16 一次记1分适用哪些情形?

适用机动车驾驶人交通安全违法行为一次记1分的情形包括10种，见表9-5。

表9-5 一次交通安全违法行为记1分的情形

序号	分值	交通安全违法行为
1	1	驾驶校车、中型以上载客载货汽车、危险物品运输车辆在高速公路、城市快速路以外的道路上行驶超过规定车速百分之十未达到百分之二十的
2	1	驾驶机动车不按规定会车，或者在高速公路、城市快速路以外的道路上不按规定倒车、掉头的

续表

序号	分值	交通安全违法行为
3	1	驾驶机动车不按规定使用灯光的
4	1	驾驶机动车违反禁令标志、禁止标线指示的
5	1	驾驶机动车载货长度、宽度、高度超过规定的
6	1	驾驶载货汽车载物超过最大允许总质量未达到百分之三十的
7	1	驾驶未按规定定期进行安全技术检验的公路客运汽车、旅游客运汽车、危险物品运输车辆以外的机动车上道路行驶的
8	1	驾驶擅自改变已登记的结构、构造或者特征的载货汽车上道路行驶的
9	1	驾驶机动车在道路上行驶时，机动车驾驶人未按规定系安全带的
10	1	驾驶摩托车，不戴安全头盔的

9.17 记分未满12分的如何扣减？

（1）扣减条件　机动车驾驶人处理完交通安全违法行为记录后累积记分未满12分，参加公安机关交通管理部门组织的交通安全教育并达到规定要求的，可以申请在机动车驾驶人现有累积记分分值中扣减记分。在一个记分周期内累计最高扣减6分。

机动车驾驶人申请接受交通安全教育扣减交通违法行为记分的，公安机关交通管理部门应当受理。但有以下情形之一的，不予受理：

❶ 在本记分周期内或者上一个记分周期内，机动车驾驶人有两次以上参加满分教育记录的；

❷ 在最近三个记分周期内，机动车驾驶人因造成交通事故后逃逸，或者饮酒后驾驶机动车，或者使用伪造、变造的机动车号牌、行驶证、驾驶证、校车标牌，或者使用其他机动车号牌、行驶证，或者买分卖分受到过处罚的；

❸ 机动车驾驶证在实习期内，或者机动车驾驶证逾期未审验，或者机动车驾驶证被扣留、暂扣期间的；

❹ 机动车驾驶人名下有安全技术检验超过有效期或者未按规定办理注销登记的机动车的；

❺ 在最近三个记分周期内，机动车驾驶人参加接受交通安全教育扣减交通违法行为记分或者机动车驾驶人满分教育、审验教育时，有弄虚作假、冒名顶替记录的。

（2）扣减标准　参加公安机关交通管理部门组织的道路交通安全法律、法规和相关知识网上学习三日内累计满三十分钟且考试合格的，一次扣减1分。

参加公安机关交通管理部门组织的道路交通安全法律、法规和相关知识现场学习满一小时且考试合格的，一次扣减2分。

参加公安机关交通管理部门组织的交通安全公益活动的，满一小时为一次，一次扣减1分。

9.18　记分满12分的如何处理？

机动车驾驶人在一个记分周期内累积记分满12分的，公安机关交通管理部门应当扣留其机动车驾驶证，开具强制措施凭证，并送达满分教育通知书，通知机动车驾驶人参加满分学习、考试。

9.19　满分学习教育期限有何规定？

机动车驾驶人在一个记分周期内累积记分满12分的，应当参加为期七天的道路交通安全法律、法规和相关知识学习。其中，大型客车、重型牵引挂车、城市公交车、中型客车、大型货车驾驶人应当参加为期三十天的道路交通安全法律、法规和相关知识学习。

机动车驾驶人在一个记分周期内参加满分教育的次数每增加一次或者累积记分每增加12分，道路交通安全法律、法规和相关知识的学习时间增加七天，每次满分学习的天数最多六十天。其中，大型客车、重型牵引挂车、城市公交车、中型客车、大型货车驾驶人在一个记分周期内参加满分教育的次数每增加一次或者累积记分每增加12分，道路交通安全法律、法规和相关知识的学习时间增加三十天，每次满分学习的天数最多一百二十天。

9.20 满分学习教育有哪些方式?

道路交通安全法律、法规和相关知识学习包括现场学习、网络学习和自主学习。网络学习应当通过公安机关交通管理部门互联网学习教育平台进行。

机动车驾驶人参加现场学习、网络学习的天数累计不得少于五天，其中，现场学习的天数不得少于两天。大型客车、重型牵引挂车、城市公交车、中型客车、大型货车驾驶人参加现场学习、网络学习的天数累计不得少于十天，其中，现场学习的天数不得少于五天。满分学习的剩余天数通过自主学习完成。

机动车驾驶人单日连续参加现场学习超过三小时或者参加网络学习时间累计超过三小时的，按照一天计入累计学习天数。同日既参加现场学习又参加网络学习的，学习天数不累计。

满分学习、考试内容应当按照机动车驾驶证载明的准驾车型确定。

9.21 满分考试有何规定?

机动车驾驶人可以在机动车驾驶证核发地或者交通违法行为发生地、处理地参加公安机关交通管理部门组织的道路交通安全法律、法规和相关知识学习，并在学习地参加考试。

机动车驾驶人在一个记分周期内累积记分满12分，完成了规定的学习天数，可以预约参加道路交通安全法律、法规和相关知识考试。考试不合格的，十日后预约重新考试。

机动车驾驶人在一个记分周期内两次累积记分满12分或者累积记分满24分未满36分的，应当在道路交通安全法律、法规和相关知识考试合格后，按照《机动车驾驶证申领和使用规定》第四十四条的规定预约参加道路驾驶技能考试。考试不合格的，十日后预约重新考试。

机动车驾驶人在一个记分周期内三次以上累积记分满12分或者累积记分满36分的，应当在道路交通安全法律、法规和相关知识考试合格后，按照《机动车驾驶证申领和使用规定》第四十三条和第四十四条的规定预约参加场地驾驶技能和道路驾驶技能考试。考试不合格的，十日后预约重新考试。

9.22　满分的清除有何规定？

机动车驾驶人经满分学习、考试合格且罚款已缴纳的，记分予以清除，发还机动车驾驶证。机动车驾驶人同时被处以暂扣机动车驾驶证的，在暂扣期限届满后发还机动车驾驶证。

9.23　为什么不可替人销分？

有些人拿到驾驶证之后常年不开车，有些人几乎每天都在开车，开车越多，被记分的概率就越高。一位驾驶人每年都是12分，不开车的驾驶人用不着记分，经常开车的驾驶人12分可能不够用。于是经常开车的驾驶人名下有了记分之后，就想让经常不开车的驾驶人为自己销分。从2022年4月1日起，找人销分和替人销分均被列入交通安全违法行为。

❶ 代替实际机动车驾驶人接受交通违法行为处罚和记分牟取经济利益的，一次记12分。

❷ 机动车驾驶人请他人代为接受交通违法行为处罚和记分并支付经济利益的，由公安机关交通管理部门处所支付经济利益三倍以下罚款，但最高不超过五万元；同时，依法对原交通违法行为作出处罚。

❸ 代替实际机动车驾驶人接受交通违法行为处罚和记分牟取经济利益的，由公安机关交通管理部门处违法所得三倍以下罚款，但最高不超过五万元；同时，依法撤销原行政处罚决定。

❹ 组织他人实施以上第❷、第❸项行为之一牟取经济利益的，由公安

机关交通管理部门处违法所得五倍以下罚款，但最高不超过十万元；有扰乱单位秩序等行为，构成违反治安管理行为的，依法予以治安管理处罚。

9.24　法律对交通事故是如何定义的?

我国《道路交通安全法》第一百一十九条对交通事故的定义："交通事故"，是指车辆在道路上因过错或者意外造成的人身伤亡或者财产损失的事件。根据《道路交通安全法》对交通事故的定义，可以把道路交通事故分为因过错和因意外原因造成的两种情况。

过错是指行为人实施违反道路交通安全法律、法规行为时故意或者过失的心理状态。这里的过失是指行为人对道路交通事故后果的过失，即行为人主观上既不放任也不希望事故后果的发生。

意外原因导致的道路交通事故，是指在道路上运行的车辆由于无法预料且无法避免的情形而导致的人身伤亡或者财产损失的事件，如地震、台风、山洪、雷击等不可抗拒的自然灾害。

9.25　发生交通事故后怎么办?

（1）立即停车　当驾驶人发现已经发生或怀疑发生了交通事故时，无论该车是肇事车还是受害车，无论是人身伤亡事故还是单纯财产损失的事故，驾驶人都应当立即采取紧急制动措施，把车停下来，并保持发生交通事故时现场的原始状态。明知发生事故不采取紧急措施立即停车的，属于有意变动现场，驾车逃逸的更是违法行为，甚至构成犯罪。

停车后应拉紧手制动，开启危险报警闪光灯，夜间还需开启示宽灯、尾灯。车辆驾驶人下车后应首先查看现场，确认事故是否已经发生以及受害人的伤亡情况和有关车辆、物品的损害状况，待确认后应在车后设置警告标志。

（2）保护现场　交通事故的现场是指事故发生的地点、空间，包括其中的车辆、人员和遗留的痕迹、散落物等。保护现场是车辆方当事人的义务。如果所发生的交通事故是车辆与车辆相撞，那么双方驾驶人都有保护现场的义务；如果是车辆与行人相撞，车辆驾驶人必须承担保护现场的义务。

（3）抢救受伤人员　道路交通事故发生后，因为一时没有专业的医护人员救助伤者，在这样的紧急情况下，当事人迅速、及时地抢救受伤人员，可以防止受伤人员的伤势恶化以致造成死亡，有利于减轻事故所造成的损失。

（4）及时报警　及时报警可以使交通警察或者公安机关交通管理部门及时了解情况，迅速勘查交通事故现场，尽快恢复交通。

9.26　怎样进行交通事故报警？

发生交通事故时，当事人可以采取以下几种方式报警。

❶ 向就近的交通警察报告。

❷ 拨打"122"交通事故报警电话或"110"报警电话；如果事故现场有伤员需要抢救，还应拨打"120"医疗急救电话。

❸ 请求其他车辆上的驾驶人或者其他人员向交通警察或者公安机关交通管理部门报告。

❹ 在偏远地区，可就近向当地公安机关或者其他行政机关报告，请求转告。

报案时，应当尽量讲明事故发生地点、车辆牌号、损失情况，特别要讲明人员伤亡情况，以便公安机关交通管理部门采取相应措施。如果交通事故引起火灾，当事人应当先报告"119"火警，再进行事故报警。

9.27　搬运伤员要注意什么？

在交通事故现场，假如有伤员被压在车辆或者货物下边，不可强拉硬拽，要设法抬起车辆或货物，然后救出伤员。

移动脊柱骨折的伤员，不可让脊柱弯曲或扭曲，如图9-1所示，搬运方法不当，会加重伤势，甚至造成伤员的终身截瘫。如图9-2所示，搬运脊柱骨折的伤员要有3人合作，尽可能减少伤员脊柱的弯曲和扭曲，轻柔平稳地将伤员托起，然后将伤员轻缓地放到硬质担架上。

图9-1　错误搬运方法　　　　　图9-2　正确搬运方法

抢救有害气体中毒的伤员时，首先要迅速将伤员转移到有新鲜空气的地方，若是有风天气，应将伤员转移至上风口的位置，以防止继续中毒。

交通事故现场伤员众多的时候，要首先将生命垂危或伤势最严重的伤员送往医院救治。

9.28　怎样实施伤员止血？

动脉出血血液呈鲜红色，大动脉出血血流随脉搏涌出，在较短的时间内就会威胁到伤员的生命。静脉出血血液为暗红色，血流较平缓，但大量的血液流失也会使伤员有生命危险。

假如伤员的流血部位被衣服覆盖，为了不加重骨折，应该将伤口处的衣服剪开，然后再根据伤势采用相应的止血措施。

（1）加压包扎止血法　对于毛细血管或中、小静脉的出血，可将医用碘伏涂于伤口处进行消毒，将无菌药棉放置于伤口处，然后用纱布包扎，包扎的松紧要适度。

（2）指压止血法　假如是动脉出血，可用手指压迫向伤口供血的动脉部位，如图9-3所示。

肱动脉压迫止血法　　　　股动脉指压止血法

图9-3　指压止血法

（3）橡皮止血带止血法　假如是四肢动脉出血，可适当抬高肢体，在伤口近心端的部位缠上纱布或毛巾，扎上橡皮带。如图9-4所示，上肢出血捆扎部位在大臂，下肢出血捆扎部位在大腿。如果距离医院路途较远，每隔1h要放松橡皮带20s左右，为了避免放松橡皮带的时候伤口大量出血，可以适度按压伤口。

图9-4　止血带止血法

9.29　怎样救护骨折的伤员？

对于骨折伤员，应该先止血，处理伤口，然后再用夹板固定骨折处。若无专用夹板，可用木板、较厚的硬纸板代替，如图9-5、图9-6所示。

图9-5　上肢骨折的固定

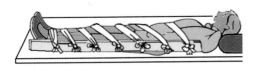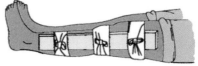

（a）大腿骨折　　　　　　　　（b）小腿骨折

图9-6　下肢骨折的固定

9.30　怎样救护烧伤的人员？

交通事故现场着火，要尽快救出烧伤的人员，扑灭伤员衣服上的火苗。如果衣服黏附在烧伤的皮肤上，不可用力撕拉脱除，以免加重皮肤的创伤。属于随车运载的酸、碱等化学制剂的烧伤，要尽快用清水冲洗，然后迅速送往医院救治。

9.31　怎样进行胸外心脏按压？

假如交通事故现场有心跳和呼吸停止的伤员，可利用胸外按压、人工呼吸的方法来恢复其心跳和呼吸。让伤员仰卧，施救者以适当力度用拳叩击伤员心前区5～6次，然后开始胸外按压。如图9-7所示，按压部位在伤员胸骨与剑突之间，按压力度使胸部下陷3～4cm，按压频率约每分钟100～120次。经过胸外按压，如果伤员的脸色变红，扩散的瞳孔由大变小，表明按压已经收到效果。

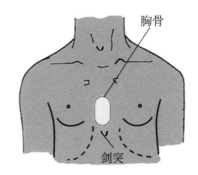

图9-7　胸外心脏按压部位

9.32　怎样进行人工呼吸？

胸外按压要与人工呼吸交替进行，每进行4次胸外按压，接着再进行2次人工呼吸，直至伤员恢复自行呼吸。如图9-8所示，进行人工呼吸的时候，要让伤员仰卧，施救者一手捏闭伤员的鼻孔，另一手掰开伤员的下颌，深吸一口气，紧贴伤员的嘴唇用力向伤员体内充气，使伤员胸腔隆起。然后松开嘴唇和鼻孔，让伤员被动呼气。

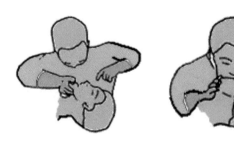

图9-8　人工呼吸

9.33　怎样划分交通事故责任？

根据当事人交通安全违法行为对发生交通事故所起的作用以及过错的严重程度，确定当事人的责任。

❶ 因一方当事人的过错导致交通事故的，承担全部责任；当事人逃逸，造成现场变动、证据灭失，公安机关交通管理部门无法查证交通事故事实的，逃逸的当事人承担全部责任；当事人故意破坏、伪造现场、毁灭证据的，承担全部责任。

❷ 因两方或者两方以上当事人的过错发生交通事故的，根据其行为对事故发生的作用以及过错的严重程度，分别承担主要责任、同等责任和次要责任。

❸ 各方均无导致交通事故的过错，属于交通意外事故的，各方均无责任。

❹ 一方当事人故意造成交通事故的，他方无责任。

9.34　什么是交通事故快速处理？

交通事故快速处理大约占事故总数的30%～50%。这些事故中，有些是由当事人当即私了的；有些是发生事故后当事人对事故的原因及责任没有争议，事故车随即撤离交通事故现场，再由交通警察和保险公司出现场，办理交通事故认定书和理赔手续；有些是在事故车撤离交通事故现场前，报告交警和保险公司，由交警按照简易程序当场确定事故责任，保险公司理赔员当场确定理赔金额。

9.35　交通事故快速处理的适用条件有哪些？

公安机关交通管理部门规定对下列交通事故可以按照简易程序快速处理。

❶ 交通事故未造成人身伤亡或仅造成财产轻微损失，当事人对事实及成因有争议不即行撤离现场，或者当事人自行撤离现场后经协商未达成协议的。

❷ 受伤人员认为自己伤情轻微，当事人对事实及成因无争议，但是对赔偿有争议的。

9.36　适用交通事故快速处理的情形有哪些？

以下情形适用交通事故快速处理，由A车承担全部损害赔偿责任。

❶ 如图9-9所示，通过没有交通信号灯控制或者没有交通警察指挥的交叉路口，遇到相对方向来车，左转弯A车未让直行车先行的。

❷ 如图9-10所示，通过没有交通信号灯控制或者没有交通警察指挥的交叉路口时，相对方向行驶的右转弯A车未让左转弯车的。

图9-9　无信号灯路口A车
左转弯未让直行车

图9-10　无信号灯路口A车
右转弯未让左转弯车

❸ 如图9-11所示，通过没有交通信号灯控制或者没有交通警察指挥的交叉路口时，未让交通标志、交通标线规定优先通行的一方先行的。

❹ 如图9-12所示，通过没有交通信号灯控制或者没有交通警察指挥的交叉路口时，在交通标志、标线未规定优先通行的路口，未让右方道路的来车先行的。

图9-11　无信号灯路口A车未让干道车

图9-12　无信号灯路口A车未让右方的来车

❺ 如图9-13所示，绿灯亮时，左转弯A车未让被放行的直行车先行的。

❻ 如图9-14所示，红灯亮时，右转弯A车未让被放行的直行车先行的。

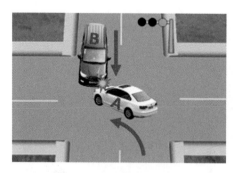

图9-13　绿灯亮时A车左转弯未让直行车

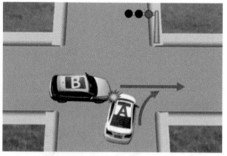

图9-14　红灯亮时A车右转弯未让直行车

❼ 如图9-15所示，红灯亮时，继续通行的。

❽ 如图9-16所示，在机动车道内违法停车的。

图9-15　红灯亮时A车继续通行

图9-16　A车在机动车道内违法停车

⑨ 如图9-17所示，开关车门造成交通事故的。

⑩ 如图9-18所示，追撞前车尾部的。

图9-17　A车开关车门造成交通事故

图9-18　A车追撞前车尾部

⑪ 如图9-19所示，变更车道时，未让正在该车道内行驶的车先行的。

⑫ 如图9-20所示，在有禁止掉头标志、标线的地方以及在人行横道、桥梁、陡坡、隧道掉头的。

图9-19　A车强行变更车道

图9-20　A车在禁止掉头的地方掉头

⑬ 如图9-21所示，驶入禁行路段的。

⑭ 如图9-22所示，逆向行驶的。

图9-21 A车驶入禁行路段

图9-22 A车逆向行驶

⑮ 如图9-23、图9-24所示，在没有中心隔离设施或者没有中心线的道路上会车时，有障碍的一方未让无障碍的一方先行的；但有障碍的一方已驶入障碍路段，无障碍一方未驶入时，无障碍一方未让有障碍的一方先行的。

图9-23 有障碍的A车未
让无障碍的B车先行

图9-24 无障碍的A车未
让有障碍的B车先行

⑯ 如图9-25所示，在没有中心隔离设施或者没有中心线的狭窄山路上会车时，靠山体的一方未让不靠山体的一方先行的。

⑰ 如图9-26所示，进入环行路口的A车未让已在路口内的车先行的。

⑱ 如图9-27所示，超越前方正在左转弯车的。

⑲ 如图9-28所示，超越前方正在超车的车的。

图9-25 靠山体的A车未让
不靠山体的B车先行

图9-26 A车未让已在环行
路口内的B车先行

图9-27 A车超越正在左转弯的车

图9-28 A车超越正在超车的车

⑳ 如图9-29所示，与对面来车有会车可能时超车的。

㉑ 如图9-30～图9-32所示，行经交叉路口、弯道、陡坡时超车的。

图9-29 A车在有会车可能时超车

图9-30 A车行经交叉路口超车

图9-31　A车行经弯道超车

图9-32　A车行经陡坡超车

㉒ 如图9-33所示，超越前方正在掉头的车的。

㉓ 如图9-34所示，在没有禁止掉头标志、标线的地方掉头时，未让正常行驶的车先行的。

图9-33　A车超越正在掉头的车

图9-34　A车掉头时与B车碰撞

㉔ 如图9-35所示，在没有中心线或者同一方向只有一条机动车道的道路上，从前车右侧超越的。

㉕ 如图9-36所示，违反规定进入专用车道行驶的。

图9-35　A车从前车右侧超越

图9-36　A车进入专用车道行驶

㉖ 如图9-37所示，倒车时与后车发生碰撞的。

㉗ 如图9-38所示，溜车时与后车发生碰撞的。

图9-37　A车倒车时与后车碰撞　　　　图9-38　A车溜车时与后车碰撞